JEAN-PIERRE VERNANT

AS ORIGENS DO PENSAMENTO GREGO

30ª Edição

Tradução
ÍSIS BORGES B. DA FONSECA

2024

Copyright © Presses Universitaires de France
Título original: *Les origines de la pensée grecque*
(2ª edição revista) (da coleção "Mithes et Religions"
dirigida por George Dumézil)

Capa: Rodrigo Rodrigues

2024
Impresso no Brasil
Printed in Brazil

CIP-Brasil. Catalogação na fonte
Sindicato Nacional dos Editores de Livros, RJ.

V622o 30ª ed.	Vernant, Jean-Pierre, 1914- As origens do pensamento grego / Jean-Pierre Vernant; tradução de Ísis Borges B. da Fonseca – 30ª ed. – Rio de Janeiro: Difel, 2024. 144p. Tradução de: Les origines de la pensée grecque (2.ed. revista) ISBN 978-85-7432-026-7 1. Filosofia antiga. 2. Mitologia grega. I. Título
02-0185	CDD – 180 CDU – 1(3)

Todos os direitos reservados pela:
DIFEL – selo editorial da
EDITORA BERTRAND BRASIL LTDA.
Rua Argentina, 171 – 3º andar – São Cristóvão
20921-380 – Rio de Janeiro - RJ
Tel:. (21) 2585-2000

Não é permitida a reprodução total ou parcial desta obra, por quaisquer meios, sem a prévia autorização por escrito da Editora.

Atendimento e venda direta ao leitor
sac@record.com.br

A Louis Gernet

SUMÁRIO

Introdução 9

CAPÍTULO I. O quadro histórico 13
CAPÍTULO II. A realeza micênica 23
CAPÍTULO III. A crise da soberania 41
CAPÍTULO IV. O universo espiritual da *polis* 53
CAPÍTULO V. A crise da Cidade. Os primeiros
sábios 73
CAPÍTULO VI. A organização do cosmos humano . 87
CAPÍTULO VII. Cosmogonias e mitos de soberania . 109
CAPÍTULO VIII. A nova imagem do mundo 129

Conclusão 141

INTRODUÇÃO

Com a decifração do linear B micênico, a data dos primeiros textos gregos de que dispomos recuou meio milênio. Este aprofundamento da perspectiva cronológica modifica todo o quadro em que se coloca o problema das origens do pensamento helênico. O mais antigo mundo grego, tal como no-lo evocam as plaquetas micênicas, aparenta-se em muitos de seus traços aos reinos do Oriente Próximo que lhe são contemporâneos. Um mesmo tipo de organização social, um gênero de vida análogo, uma humanidade vizinha se revelam nos escritos em linear B de Cnossos, Pilos ou Micenas, e nos antigos documentos em cuneiforme encontrados em Ugarit, em Alalakh, em Mari, ou na Hattusa hitita. Em compensação, quando se aborda a leitura de Homero, o quadro muda: é uma outra sociedade, um mundo humano já diferente que se descobrem na Ilíada, como se desde a idade homérica os gregos não pudessem compreender exatamente o aspecto da civilização micênica à qual se ligavam e que por meio dos aedos criam fazer ressurgir do passado. Este corte na história do homem grego devemos tentar compreendê-lo, situá-lo exatamente. A religião e a mitologia da Grécia clássica arraigam-se muito diretamente, como M. P. Nilsson em particular o mostrou, no passado micênico.[1] Mas em outros domínios a ruptura aparece profunda. Quando no século XII antes de nossa era o poder micênico desaba sob o ímpeto das tribos dóricas que irrompem na Grécia continental, não é uma simples dinastia a sucumbir no incêndio que assola alternadamente Pilos e Micenas, é um tipo de realeza que se encontra para sempre destruída, toda uma forma de vida social, centralizada em torno do palácio, que é definitivamente abolida, um personagem, o Rei divino, que desaparece do horizonte grego. A derrocada do sistema micênico ultrapassa largamente, em suas conseqüências, o domínio da história política e social. Ela repercute no próprio homem grego; modifica seu universo espiritual, transforma algumas de suas atitudes psicológicas. O desaparecimento do Rei pôde desde então preparar, ao termo do longo, do sombrio período de isolamento e de reconsideração dos fatos que se chama a Idade Média grega, uma dupla e solidária inovação: a instituição da Cidade, o nascimento de um pensamento racional. De fato, quando, pelos fins da época geométrica (900-750), os gregos prosseguem, na Europa e na Jônia, as relações interrompidas durante vários séculos

---

[1] Martin P. Nilsson, The *Minoan-mycenaean religion and its survival in Greek religion*, 2ª ed., Lund, 1950; cf. também: Charles Picard, *Les religions préhelléniques*, Paris, 1948, e La formation du polythéisme hellénique et les récents problèmes relatifs au linéaire B, in *Eléments orientaux dans la religion grecque ancienne*, Paris, 1960, pp. 163-177; G. Pugliese Carratelli, "Riflessi di culti micenei nelle tabelle di Cnosso a Pilo", in *Studi in onore di U. E. Paoli*, Florença, 1955, pp. 1-16; L. A. Stella, "La religione greca nei testi micenei", in *Numen*, 5, 1958, pp. 18-57.

com o Oriente, quando redescobrem, com as civilizações que se mantiveram no local, alguns aspectos de seu próprio passado na Idade do bronze, não tomam, como o tinham feito os micênios, o rumo da imitação e da assimilação. Em plena renovação orientalizante, o Helenismo afirma-se como tal em face da Ásia, como se, pelo contato reatado com o Oriente, tomasse melhor consciência de si próprio. A Grécia se reconhece numa certa forma de vida social, num tipo de reflexão que definem a seus próprios olhos sua originalidade, sua superioridade sobre o mundo bárbaro: no lugar do Rei cuja onipotência se exerce sem controle, sem limite, no recesso de seu palácio, a vida política grega pretende ser o objeto de um debate público, em plena luz do sol, na Ágora, da parte de cidadãos definidos como iguais e de quem o Estado é a questão comum; no lugar das antigas cosmogonias associadas a rituais reais e a mitos de soberania, um pensamento novo procura estabelecer a ordem do mundo em relações de simetria, de equilíbrio, de igualdade entre os diversos elementos que compõem o cosmos.

Se queremos proceder ao registro de nascimento dessa Razão grega, seguir a via por onde ela pôde livrar-se de uma mentalidade religiosa, indicar o que ela deve ao mito e como o ultrapassou, devemos comparar, confrontar com o *background* micênico essa viragem do século VIII ao século VII em que a Grécia toma um novo rumo e explora as vias que lhe são próprias: época de mutação decisiva que, no momento mesmo em que triunfa o estilo orientalizante, lança os fundamentos do regime da Pólis e assegura por essa laicização do pensamento político o advento da filosofia.

— CAPÍTULO I —

O QUADRO HISTÓRICO

No começo do II milênio, o Mediterrâneo não marca ainda em suas duas margens uma separação entre o Oriente e o Ocidente. O mundo egeu e a península grega se ligam sem descontinuidade, como povoação e como cultura, de um lado com o planalto anatólio, pela série das Cíclades e das Espórades, e do outro, por Rodes, pela Cilícia, por Chipre e costa norte da Síria, com a Mesopotâmia e o Irã. Quando Creta sai do Cicládico, em cujo decurso dominam as relações com a Anatólia, e quando constrói em Festos, Mália e Cnossos sua primeira civilização palaciana (2000-1700), permanece orientada para os grandes reinos do Oriente Próximo. Entre os palácios cretenses e aqueles que escavações recentes trouxeram a lume em Alalakh, na grande curva do Oronte, e em Mari, na estrada de caravanas que liga a Mesopotâmia ao mar, as semelhanças pareceram tão surpreendentes que se pôde ver aí a obra de uma mesma escola de arquitetos, de pintores, de afresquistas.[1] Pela costa síria os cretenses entravam igualmente em con-

---

[1] Cf. Leonard Wooley, *A forgotten Kingdom*, Londres, 1953, e André Parrot, *Mission archéologique de Mari*, II, Paris, 1958.

tato com o Egito do Novo Império cuja influência, por não ser sobre eles tão decisiva como se podia supô-lo na época de Evans, é entretanto bem atestada.

Entre 2000 e 1900 a.C. uma população nova irrompe na Grécia continental. Suas casas, suas sepulturas, seus machados de guerra, suas armas de bronze, seus utensílios, sua cerâmica — aquela cerâmica cinzenta miniana tão característica — são tantos traços que marcam a ruptura com os homens e a civilização da idade anterior, o Heládico antigo. Os invasores, os mínios, formam a vanguarda das tribos que, por vagas sucessivas, virão fixar-se na Hélade, instalar-se-ão nas ilhas, colonizarão o litoral da Ásia Menor, marcharão para o Mediterrâneo ocidental e para o Mar Negro, para constituir o mundo grego tal como o conhecemos na idade histórica. Quer tenham descido dos Bálcãs, quer tenham vindo das planícies da Rússia do Sul, esses antepassados do homem grego pertencem a povos indo-europeus que, já diferençados pela língua, falam um dialeto grego arcaico. Seu aparecimento nas margens do Mediterrâneo não constitui um fenômeno isolado. Uma invasão paralela manifesta-se quase na mesma época, do outro lado do mar, com a chegada dos hititas indo-europeus na Ásia Menor e sua expansão pelo planalto anatólio. No litoral, na Tróade, a continuidade cultural e étnica que se mantivera por quase um milênio da Tróia I à Tróia V (começo da Tróia I: entre 3000 e 2600) é repentinamente interrompida. O povo que edifica a Tróia VI (1900), cidade principesca mais rica e poderosa que nunca, é parente próximo dos mínios da Grécia. Fabrica a mesma cerâmica cinzenta, modelada no torno e cozida em fornos fechados, que se espalha na Grécia continental, nas ilhas Jônias, na Tessália e Calcídica.

Um outro traço da civilização sublinha as afinidades dos dois povos nas duas margens do Mediterrâneo. É com os homens da Tróia VI que o cavalo surge na Tróade. "Rica em cavalos" — tal é ainda, no estilo formular que Homero tira de uma tradição oral muito antiga, o epíteto que lembra a opulência do país dardânio. A fama dos cavalos de Tróia, assim como a de seus tecidos, não foi sem dúvida estranha ao interesse que os aqueus tinham por essa região antes mesmo da expedição guerreira que, destruindo a cidade de Príamo (Tróia VII), serviu de ponto de partida para a lenda épica. Como os mínios da Tróade, os da Grécia conhecem o cavalo: deviam ter praticado sua domesticação nas estepes em que, antes de sua vinda à Grécia, tinham permanecido. A pré-história do deus Posidão mostra que, antes de reinar no mar, um Posidão eqüino, *Hippos* ou *Hippios*, associava, no espírito dos primeiros helenos como entre outros povos indo-europeus, o tema do cavalo a todo um complexo mítico: cavalo — elemento úmido; cavalo — águas subterrâneas, mundo infernal, fecundidade; cavalo — vento, trovoada, nuvem, tempestade...[2] O lugar, a importância, o prestígio do cavalo numa sociedade dependem numa larga medida de sua utilização para fins militares. Os primeiros documentos gregos que nos esclarecem a esse respeito datam do século XVI: em estelas funerárias descobertas no círculo dos túmulos em

---

[2] Cf. F. Schachermeyr, *Poseidon und die Entstehung des Griechischen Götterglaubens*, Berna, 1948.

fossas de Micenas (1580-1500), em cenas de batalha ou de caça figuram um guerreiro de pé em seu carro puxado por cavalos a galope. Nessa época, os mínios, estreitamente misturados à população local de origem asiática, estão há muito tempo estabelecidos na Grécia continental, onde a vida urbana surgiu ao pé de fortalezas, residências de chefes. Eles entraram em contato com a Creta minóica em pleno desenvolvimento após a renovação que veio depois da reconstrução dos palácios, destruídos uma primeira vez por 1700. Creta lhes revelou um modo de vida e de pensamento inteiramente novo para eles. Já se esboçou esta cretização progressiva do mundo micênico que resultará, após 1450, numa civilização palaciana comum na ilha e na Grécia continental. Mas o carro de guerra, carro leve puxado por dois cavalos, não poderia ser uma contribuição cretense. Na ilha, o cavalo não aparece antes do Minóico recente I (1580-1450). Se houve empréstimo, os minóicos seriam de preferência os devedores neste domínio. Em compensação, o uso do carro revela ainda as analogias entre o mundo micênico ou aqueu a constituir-se e o reino dos hititas, que adota pelo século XVI essa tática de combate, tomando-a de seus vizinhos de este, os hurritas de Mitanni, população não indo-européia, mas que reconhece a suserania de uma dinastia indo-iraniana. Aos povos familiarizados com a criação do cavalo, o uso do carro deve ter apresentado novos problemas de seleção e de adestramento. Encontra-se uma repercussão disso no tratado de hipologia redigido por um certo Kikkuli, do país de Mitanni, e que foi traduzido em hitita. Nas relações que se estabeleceram no começo do século XVI entre os hititas e os que eles chamam os achaiwoi (os aqueus ou micênios), as preocupações de ordem eqüestre desempenharão seu papel. Os antigos documentos reais de Hattusa, entre outras menções da Ahhiyawa (a Acaia), citam a permanência de príncipes aqueus, entre os quais Tawagalawas (Eteokles?), vindos à corte para aí se aperfeiçoar na condução do carro. Deve-se aproximar do nome do rei hitita Mursilis o do escudeiro de Enomau, Murtilo, cujo papel se conhece na lenda de Pélope, antepassado da dinastia dos Atridas, reis de Micenas?

Enomau reina em Pisa, na Élida. Tem uma filha, Hipodâmia. Quem quer esposá-la deve ganhá-la de seu pai, vencendo-o na corrida de carros. O fracasso significará a morte. Muitos pretendentes se apresentaram. Todos foram vencidos pelo rei, cujos cavalos são indômitos e suas cabeças decoram os muros do palácio. Com o auxílio de Hipodâmia, Pélope compra a cumplicidade do escudeiro do rei, Murtilo: em plena corrida, o carro de Enomau quebra, partindo o eixo por sabotagem. Pélope triunfa assim na prova do carro que lhe traz na mesma vitória a filha domadora de cavalos e a soberania real. Quanto a Murtilo, escudeiro muito hábil e muito empreendedor, Pélope livrar-se-á dele no devido momento. Os deuses irão convertê-lo na constelação do Auriga do céu noturno.

Essa narrativa de habilitação à realeza coloca a prova do carro sob o patrocínio de Posidão, o velho deus-cavalo, que aparece, nessa época da civilização micênica, não mais em seu aspecto pastoral, mas como um mestre do carro, guerreiro e aristocrático. É, com efeito, o altar de Posidão em Corinto (um Posidão Hippios e Damaios) que, escolhido para marcar o termo do percurso, consagra o vencedor na sua chegada. Por outro lado, Pélope é estreitamente associado, em sua lenda, a Posidão. Quando o jovem renasce, após a prova de iniciação que o faz morrer despedaçado no caldeirão do pai, é logo raptado por Posidão. O deus faz dele seu "pajem", conforme uma prática cujo arcaísmo se manteve nas sociedades guerreiras de Creta e que Estrabão nos faz conhecer segundo Éforo:[3] o rapto obedece a um protocolo rigoroso, com presentes oferecidos pelo raptor de cuja vida o adolescente vai partilhar, durante um retiro de dois meses. Na sua libertação, o rapaz recebe uma porção de presentes regulamentares: sua farda de guerra, um boi, uma taça. A Pélope oferece Posidão também o presente que simboliza os poderes adquiridos pelo jovem na convivência com o deus: um carro.

Exigindo uma aprendizagem difícil, a técnica do carro deve ter reforçado a especialização da atividade guerreira, traço característico da organização social e da mentalidade dos povos indo-europeus. Por outro lado, a necessidade de dispor de uma reserva numerosa de carros para concentrá-los no campo de batalha supõe um Estado centralizado, suficientemente extenso e poderoso, em que os homens dos carros, quaisquer que sejam seus privilégios, são submetidos a uma autoridade única.

---

[3] Estrabão, X, 483c; cf. Louis Gernet, *Droit et prédroit en Grèce ancienne*, *L'Année Sociologique*, 1951, pp. 389 e ss.

Tal deve ter sido com efeito a força militar do reino micênico que, desde 1450 — sabemo-lo desde a decifração do linear B —, pôde dominar Creta, estabelecer-se soberanamente no palácio de Cnossos e ocupá-lo até sua destruição final, no incêndio de 1400, ateado talvez por uma revolta indígena. A expansão micênica, que prossegue do século XIV ao XII, leva os aqueus a tomarem, no Mediterrâneo oriental, o lugar dos cretenses que eles substituem mais ou menos por toda parte e com certos desníveis no tempo, conforme as regiões. Desde a aurora do séc. XIV, Rodes é por eles colonizada. Talvez seja nessa ilha, ao abrigo dos ataques do continente, que se deve situar o reino de Ahhiyawa, cujo monarca é tratado pelo rei hitita com a consideração devida a um igual. De Rodes o rei da Acaia podia controlar os poucos pontos da costa anatólica em que seus homens se tinham fixado e fundado colônias. A presença dos aqueus é atestada em Mileto (a Milawunda ou Milawata hitita), em Colofão, em Claros, mais ao norte em Lesbos, na Tróade sobretudo com a qual as relações foram estreitas, enfim sobre a costa meridional, na Cilícia e Panfília. É no começo do século XIV igualmente que os micênios se instalam à força em Chipre e constroem em Enkomi uma fortaleza semelhante às da Argólida. De lá vão dar na costa da Síria, caminho de passagem para a Mesopotâmia e para o Egito. Em Ugarit, que faz comércio de cobre com Chipre, uma colônia cretense tinha, no século XV, determinado a cultura e até a arquitetura da cidade. Cede o lugar, no século seguinte, a uma povoação micênica assaz numerosa para ocupar um bairro da cidade. Na mesma época, Alalakh, sobre o Oronte, porta do Eufrates e da Mesopotâmia, torna-se um centro aqueu importante. Mais ao sul, aqueus penetram até a Fenícia, Biblos e Palestina. Em toda essa região, elabora-se uma civilização comum cipro-micênica, em que os elementos minóicos, micênicos e asiáticos estão intimamente fundidos, e que dispõe de uma escrita derivada, como o silabário micênico, do linear A. O Egito, que tinha mantido, especialmente no curso do século XV, um comércio contínuo com os cretenses, abre-se aos micênios e os acolhe livremente entre 1400 e 1340. Lá ainda, os *keftiou*, os cretenses, são pouco a pouco eliminados em benefício de seus concorrentes; Creta deixa de desempenhar, como o fazia no período anterior, um papel de intermediário entre o Egito e o continente grego. Talvez uma colônia micênica exista em El-Amarna quando Amenhotep IV, conhecido com o nome de Akhenaton, fixa-se ali entre 1380 e 1350, abandonando a antiga capital de Tebas.

Assim, em todas as regiões em que os conduziu seu espírito de aventura, os micênios aparecem estreitamente associados às grandes civilizações do Mediterrâneo oriental, integrados neste mundo do Próximo-Oriente que, apesar de sua diversidade, constitui um conjunto, pela amplitude de seus contatos, intercâmbios e comunicações.

BIBLIOGRAFIA

V. Gordon Childe, *The dawn of European civilization*, 6ª ed., Londres, 1957; H. L. Lorimer, *Homer and the monuments*, Londres, 1950; A. Severyns, *Grèce et Proche-Orient avant Homère*, Bruxelas, 1960; Sterling Dow, The Greeks in the bronze age, in *Rapports du XIe Congrès international des sciences historiques*, 2, *Antiquité*, Upsala, 1960, pp. 1-34; Denys L. Page, *History and homeric Iliad*, Berkeley and Los Angeles, 1959; *The Aegean and the Near East, Studies presented to Hetty Goldman*, Nova York, 1956.

───── CAPÍTULO II ─────

A REALEZA MICÊNICA

A decifração das plaquetas em linear B resolveu certas questões propostas pela arqueologia e levantou novas. Aos problemas ordinários de interpretação acrescentam-se dificuldades de leitura, pois o linear B, derivado de uma escrita silábica que não foi feita para notar o grego, exprime muito imperfeitamente os sons do dialeto falado pelos micênios. Por outro lado, o número de nossos documentos é ainda reduzido: não se descobriram verdadeiros documentos antigos, mas sim alguns inventários anuais redigidos em tijolos crus que teriam sem dúvida sido apagados para servir de novo, se o incêndio dos palácios não os tivesse conservado pelo cozimento. Um único exemplo bastará para mostrar as lacunas de nossa informação e as precauções necessárias. A palavra te-re-ta, que vem freqüentemente nos textos, não recebeu menos de quatro interpretações: sacerdote, homem do serviço feudal: barão, homem do *damos* sujeito a prestações, servidor. Não se poderia, pois, pretender estabelecer o quadro da organização social micênica. Todavia, as interpretações, mesmo as mais opostas, concordam em alguns pontos que desejaríamos destacar e que podem ser considerados, no estado atual de nossas fontes, como suficientemente estabelecidos.

A vida social aparece centralizada em torno do palácio cujo papel é ao mesmo tempo religioso, político, militar, administrativo e econômico. Neste sistema de economia que se denominou palaciana, o rei concentra e unifica em sua pessoa todos os elementos do poder, todos os aspectos da soberania. Por intermédio de escribas, que formam uma classe profissional fixada na tradição, graças a uma hierarquia complexa de dignitários do palácio e de inspetores reais, ele controla e regulamenta minuciosamente todos os setores da vida econômica, todos os domínios da atividade social.

Os escribas contabilizam em seus arquivos o que concerne ao gado e à agricultura; à tenência das terras, avaliadas em medidas de cereais (ou taxas de censo, ou rações de sementes); aos diversos ofícios especializados com os subsídios a fornecer em matérias-primas e as encomendas de produtos elaborados; à mão-de-obra, disponível ou ocupada — os escravos, homens, mulheres e crianças, quer os dos particulares, quer os do rei; às contribuições de toda sorte impostas pelo Palácio aos indivíduos e às coletividades, os bens já entregues e os ainda por receber; às levas de homens a serem fornecidas por certas aldeias para equipar os navios reais de remadores; à composição, ao comando, ao movimento das unidades militares; aos sacrifícios aos deuses, às taxas previstas pelas ofertas etc.

Não se compreende que haja lugar, numa economia desse gênero, para um comércio privado. Se existem termos que significam comprar, ou vender, não se encontra testemunho de uma forma de pagamento em ouro ou em prata, nem de uma equivalência estabelecida entre mercadorias e metais preciosos. Parece que a administração real regulamentava a distribuição e o intercâmbio, assim como a produção dos bens. Por intermédio do palácio, que comanda no centro da rede o duplo circuito das prestações e das gratificações, circulam e são trocados entre si os produtos, os trabalhos, os serviços, igualmente codificados e contabilizados, ligando ao mesmo tempo os diversos elementos do país.

Realeza burocrática, talvez se possa dizer. O termo, que tem ressonâncias excessivamente modernas, sublinha um dos aspectos do sistema, pois sua lógica o conduz a um controle cada vez mais rigoroso, cada vez mais amplo, chegando a notar pormenores que nos parecem insignificantes. Ele impõe a comparação com os grandes Estados fluviais do Oriente Próximo cuja organização parece responder, pelo menos em parte, à necessidade de coordenar numa vasta escala os trabalhos de secagem, irrigação e conservação dos canais, indispensáveis à vida agrícola. Os reinos micênicos tiveram que resolver problemas análogos? A secagem do lago Copaís foi efetivamente empreendida na época micênica. Mas, e as planícies da Argólida, da Messênia e da Ática? Não se compreende que necessidades técnicas de preparo do solo segundo um plano de conjunto tenham podido suscitar ou favorecer na Grécia uma centralização administrativa desenvolvida. A economia rural da Grécia antiga aparece dispersa no âmbito da aldeia; a coordenação dos trabalhos não vai muito além do grupo dos vizinhos.

Não é somente no domínio da agricultura que o mundo micênico se distingue das civilizações fluviais do Oriente Próximo. Reconhecendo o papel do Palácio como eixo da vida social, M. E. Palmer indicou bem os traços que ligam a sociedade micênica ao mundo indo-europeu. A analogia é sobretudo surpreendente com os hititas que, orientalizando-se, conservaram certas instituições características ligadas à sua organização militar. Em torno do rei, a grande família hitita reúne os personagens mais próximos do soberano. São dignitários do Palácio cujos títulos destacam as altas funções administrativas, mas que exercem também comandos militares. Com os combatentes sob suas ordens, formam o *pankus*, assembléia que representa a comunidade hitita, isto é, que agrupa o conjunto dos guerreiros, excluindo-se o resto da população, segundo o esquema que opõe, nas sociedades indo-européias, o guerreiro ao homem da aldeia, pastor e agricultor. É nessa nobreza guerreira, constituída em classe separada e, pelo menos no que concerne aos mais importantes, alimentada nos seus feudos por aldeões ligados à terra, que se recrutam os homens dos carros, força principal do exército hitita. A instituição do *pankus* pôde dispor na origem de poderes amplos: a monarquia teria começado por ser eletiva; em seguida, para evitar as crises de sucessão, teria tirado da assembléia dos guerreiros a ratificação do novo rei; o *pankus*, de que se trata pela última vez numa proclamação do rei Telepino do fim do século XVI, teria finalmente caído em desuso; a realeza hitita ter-se-ia aproximado assim do modelo das monarquias absolutas orientais, apoiando-se menos numa classe de nobres, cujos serviços militares criam as prerrogativas políticas, do que numa hierarquia de administradores que dependem diretamente do rei.[1]

O exemplo hitita foi invocado pelos eruditos que opunham à interpretação "burocrática" da realeza micênica um esquema que dava lugar a traços "feudais". De fato, as duas expressões parecem igualmente inadequadas e, em sua própria oposição, anacrônicas. Em todos os graus da administração palaciana é com efeito um vínculo pessoal de submissão que une ao rei os diversos dignitários do Palácio: não são funcionários a serviço do Estado, mas servidores do rei encarregados de manifestar, em toda parte onde sua confiança os colocou, este poder absoluto de comando que se encarna no monarca. Portanto, verifica-se, no quadro da economia palaciana, ao lado de uma divisão freqüentemente muito grande das tarefas, de uma especialização de funções com uma série de fiscais e chefes de fiscalização, uma flutuação nas atribuições administrativas que se superpõem umas às outras, exercendo cada representante do rei, por delegação e em seu nível, uma autoridade que em princípio cobre sem restrição todo o campo da vida social.

O problema não é, pois, opor o conceito de realeza burocrática ao de monarquia feudal, mas sim marcar, por trás dos elementos comuns ao conjunto das sociedades de economia palaciana, os traços que definem mais precisamente o caso micênico e que talvez expliquem por que este

---

[1] Cf. O. R. Gurney, *The Hittites*, Londres, 1952.

tipo de soberania não sobreviveu na Grécia à queda das dinastias dos aqueus.

Nessa perspectiva, a aproximação com os hititas mostra-se frutuosa, pois dá o maior relevo às diferenças que separam o mundo micênico da civilização palaciana de Creta que lhe serviu de modelo. O contraste entre essas duas realezas grava-se na arquitetura de seus palácios.[2] Os de Creta, dédalos de compartimentos dispostos em aparente desordem em torno de um pátio central, são construídos no mesmo nível que a região circunvizinha sobre a qual se abrem sem defesa por amplas estradas que vão ter ao palácio. O solar micênico, tendo no centro o *mégaron* e a sala do trono, é uma fortaleza cercada de muros, um abrigo de chefes que domina e fiscaliza a região plana que se estende a seus pés. Construída para sustentar um bloqueio, essa cidadela abriga, ao lado da morada principesca e de suas dependências, as casas dos familiares do rei, chefes militares e dignitários do palácio. Seu papel militar parece sobretudo defensivo: preserva o tesouro real em que se acumulam, ao lado das reservas normalmente controladas, postas em estoque, repartidas pelo palácio no quadro da economia do país, bens preciosos de um tipo diferente. Trata-se de produtos de uma indústria de luxo, jóias, taças, tripés, caldeirões, peças de ourivesaria, armas trabalhadas, barras de metal, tapetes, tecidos bordados. Símbolos de poder, instrumentos de prestígio pessoal,

---

[2] J. D. S. Pendlebury, *A handbook to the Palace of Minos, Knossos with its dependencies*, Londres, 1954; George E. Mylonas, *Ancient Mycenae*, Londres, 1957.

exprimem na riqueza um aspecto propriamente régio. Formam a matéria de um comércio abundante que ultrapassa amplamente as fronteiras do reino. Objetos de dádivas e de retribuições selam alianças matrimoniais e políticas, criam obrigações de serviço, recompensam vassalos, estabelecem até em país longínquo laços de hospitalidade; são também motivo de competição, de conflito: como as pessoas os recebem como presentes, ganham-nos de armas na mão; é para apoderar-se do tesouro que se organiza uma expedição guerreira e que se destrói uma cidade. Prestam-se enfim, mais que outras formas de riqueza, a uma apropriação individual que poderá perpetuar-se além da morte: colocados ao lado do cadáver, como "pertences" do defunto, segui-lo-ão a seu túmulo.[3]

O testemunho das plaquetas permite-nos precisar esse quadro da corte e do palácio micênicos. No cume da organização social, o rei usa o título de wa-na-ka, *ánax*. Sua autoridade parece exercer-se em todos os níveis da vida militar: é o palácio que dirige as encomendas de armas, o equipamento dos carros, os recrutamentos de homens, a formação, a composição, o movimento das unidades. Mas a competência do rei não fica confinada ao domínio da guerra mais do que ao da economia. O *ánax* é responsável também pela vida religiosa; ordena com precisão o seu calendário, vela pela observância do ritual, pela celebração das festas em honra dos diversos deuses, deter-

---

[3] Cf. a oposição dos *Ktémata*, bens adquiridos pelo indivíduo e que ficam à sua inteira disposição — especialmente sua parte de pilhagem —, e dos *patroa*, bens ligados ao grupo familiar, inalienáveis.

mina os sacrifícios, as oblações vegetais, as taxas das oferendas exigíveis de cada um, segundo sua classe. Pode-se pensar que se o poder real se exerce assim em todos os domínios é que o soberano, como tal, encontra-se especialmente em relação com o mundo religioso, associado a uma classe sacerdotal que surge numerosa e influente.[4] Em apoio dessa hipótese, notar-se-á que na Grécia a lembrança de uma função religiosa da realeza se perpetuou até no quadro da Cidade e que sobreviveu, sob uma forma de mito, a lembrança do Rei Divino, mágico, senhor do tempo, distribuidor da fertilidade. À lenda cretense de Minos, que se submetia de nove em nove anos, na caverna do Ida, à prova que deve renovar, por um contato direto com Zeus, seu poder real,[5] corresponde em Esparta à ordália que de nove em nove anos os éforos impõem a seus dois reis, escrutando o céu nas profundezas da noite, para aí ler se os soberanos não teriam cometido algum erro que os desqualificasse para o exercício da função real. Pense-se também no rei hitita que abandona em plena campanha a direção de seus exércitos se suas obrigações religiosas exigem sua volta à capital para aí realizar, na data determinada, os ritos de que tem o encargo.

Ao lado do wa-sa-ka, o segundo personagem do reino, o la-wa-ge-tas representa o chefe do *laós*, propriamente o povo em armas, o grupo dos guerreiros. Vestindo como uniforme um manto de um modelo especial, os e-qe-

---

[4] Cf. M. Lejeune, Prêtres et prêtresses dans les documents myceniens, in *Hommage à Georges Dumézil, Latomus*, 45, pp. 129-139.
[5] *Odisséia*, XIX, 179.

ta, ἑπέται (cf. homérico *hetairoi*), os companheiros, são, como a grande família hitita, dignitários do palácio, formando o séquito do rei, ao mesmo tempo que chefes colocados à testa de uma *okha*, de uma unidade militar, ou oficiais que asseguram a ligação da corte com os comandos locais. Talvez sejam igualmente da alçada do *laós* os te-re-ta, *telestai*, no caso de admitir-se com Palmer que se trata dos homens do serviço feudal; de barões dos feudos. Três deles seriam, segundo uma lâmina de Pilos, personagens assaz importantes para possuir um *témenos*, privilégio do wa-na-ka e do la-wa-ge-tas.[6] O *témenos* designa na epopéia — em que foi dentre todos os termos do vocabulário micênico relativo aos bens de raiz o único que se manteve — uma terra, arável ou de vinhas, oferecida com os aldeões que a guarnecem ao rei, aos deuses, ou a um grande personagem em recompensa de seus serviços excepcionais ou de suas façanhas guerreiras.

A tenência do solo apresenta-se como um sistema complexo que a ambigüidade de muitas expressões torna ainda mais obscuro.[7] A plena posse de uma terra, como seu usufruto, parece ter feito surgir, em compensação, ser-

---

[6] A interpretação dessa plaqueta é discutida. Outros documentos parecem ao contrário associar estreitamente os te-re-ta ao *damos*. Tratar-se-ia então de aldeões sujeitos a prestações.

[7] A complexidade do regime territorial revela-se no vocabulário, muito diferenciado, em que muitos termos permanecem obscuros. Discute-se o sentido de palavras como Ka-ma, ko-to-no-o-ko, wo-wo, o-na-to. Este último termo designa uma locação, sem que se possa precisar sob que formas era realizada. Pode-se pensar, por outro lado, que, no que concerne à terra comunal do *damos*, as plaquetas

viços e prestações múltiplas. Freqüentemente, é difícil decidir se um termo tem uma significação puramente técnica (terra inculta, terra arroteada, terra de pastagem transformada em terra arável, terra de maior ou menor dimensão) ou se ele marca um estatuto social. Entretanto, uma oposição se delineia claramente entre dois tipos de tenência, designando as duas formas diferentes que podem revestir uma Ko-to-na, um lote, uma porção de terra. Os ki-ti-me-na ko-to-na são terras privadas com proprietários, contrariamente aos ke-ke-me-na ko-to-na, ligadas ao *damos*, terras comuns dos demos da aldeia, propriedade coletiva do grupo rural, cultivadas segundo o sistema do *open-field* e que talvez sejam objeto de uma redistribuição periódica. Nesse ponto ainda, M. E. Palmer pôde fazer uma aproximação sugestiva com o código hitita que distingue paralelamente duas maneiras de tenência da terra. A do homem do serviço feudal, guerreiro, depende diretamente do palácio e volta para este quando o serviço não é mais certo. Em compensação, os "homens da ferramenta", isto é, os artesãos, dispõem de uma terra dita "de aldeia", que a coletividade rural lhes concede por um tempo e que recupera, quando partem.[8] Evoquem-se também os fatos

---

não mencionam senão as alienações que dela se fizeram, a título temporário ou definitivo. Havia, enfim, à exceção do *damos* e dos escravos, uma população serva ligada à terra? Não se poderia dizê-lo.

[8] Cf. a interpretação, proposta por Palmer, do termo grego *demiurgós*: não "o que trabalha para o público", mas "o que cultiva uma terra de aldeia"; contra, cf. Kentarô Murakawa, Demiurgos, *Historia*, 6, 1957, pp. 385-415.

A realeza micênica

indianos que dão prova de uma estrutura análoga. Ao vaiçya, o agricultor (viç, cf. latim *vicus*, grego οἶχος, o grupo de casas), isto é, ao homem da aldeia, opõe-se o ksatrya, o guerreiro (de ksatram: poder, posse), o homem que tem a posse individual da terra, como o barão micênico é o homem da ki-ti-me-na ko-to-na, da terra adquirida por oposição à terra comum da aldeia. As duas formas diferentes de tenência do solo recobririam então, na sociedade micênica, uma polaridade mais fundamental: em face do palácio, da corte, de todos os que deles dependem seja diretamente, seja pela tenência de seu feudo, entrevê-se um mundo rural organizado em aldeias com sua vida própria. Estes *demos* da aldeia dispõem de uma parte das terras nas quais eles se fixam; regularizam, de conformidade com as tradições e as hierarquias locais, os problemas que põem, em seu nível, os trabalhos agrícolas, a atividade pastoril, as relações de vizinhança. É nesse quadro provincial que aparece, contra toda expectativa, o personagem que tem o título que teríamos normalmente traduzido por rei, o pa-si-reu, o *basileus* homérico. Precisamente, ele não é o Rei em seu palácio, mas um simples senhor, dono de um domínio rural e vassalo do *ánax*. Esse vínculo de vassalidade, num sistema de economia em que tudo é contabilizado, reveste em suma a forma de uma responsabilidade administrativa: vemos o *basileus* fiscalizar a distribuição das cotas em bronze destinadas aos ferreiros que, em seu território, trabalham para o palácio. E, bem entendido, contribui ele próprio, com outros homens ricos do lugar, segundo uma quantidade devidamente estabelecida, a esses fornecimentos de metal.[9] Ao lado do *basileus*, um Conselho dos Velhos, a ke-ro-si-ja (*gerousia*) confirma esta relativa autonomia da comunidade aldeã. Tomam assento nessa assembléia sem dúvida os chefes das casas mais influentes. Os simples aldeões, homens do *damos* no sentido próprio, que fornecem ao exército os peões e que, para retomar a fórmula homérica, não são mais considerados no Conselho que na guerra, formam no melhor dos casos os espectadores, escutam em silêncio os qualificados para falar e não expressam seus sentimentos senão por um rumor de aprovação ou descontentamento.

Um outro personagem, o ko-re-te, associado ao *basileus*, aparece como uma espécie de regedor de aldeia. É possível que se indague se esta dualidade de direção no nível local não encobre a que verificamos no quadro do Palácio: como o *ánax*, o *basileus* teria prerrogativas sobretudo religiosas (pense-se nos *phylobasileis* da Grécia clássica); o ko-re-te, como o la-wa-ge-tas, exerceria uma função militar.

Haveria razão para aproximar-se o termo de χοίρος, tropa armada; teria o sentido do homérico χοίρανος, que é quase sinônimo de ἡγεμών, mas que, associado a βασιλεύς, parece indicar senão uma oposição, pelo menos uma polaridade, uma diferença de planos. Além

---

[9] A assimilação do pa-si-re-u ao *basileus* foi recentemente discutida. Segundo Palmer, tratar-se-ia de um oficial provincial que controlava as equipes de metalúrgicos que trabalhavam para o palácio; cf. L. R. Palmer, Linear B texts of economic interest, *Serta Philologica Aenipontana*, 7-8, 1961, pp. 1-12.

disso, o chamado Klumenos, ko-re-te da aldeia de I-te-re-wa, dependente do palácio de Pilos, figura numa outra plaqueta como comandante de unidade militar; uma terceira dá-lhe o qualificativo de mo-ro-pa (μοιροπας), possuidor de uma *moira*, de um lote de terra.[10]

Por mais lacunar que seja nossa informação, parece possível tirar daí algumas conclusões gerais referentes aos traços característicos das realezas micênicas.

1 — Primeiramente, seu aspecto belicoso. O *ánax* apóia-se numa aristocracia guerreira, os homens dos carros, sujeitos à sua autoridade, mas que formam, no corpo social e na organização militar do reino, um grupo privilegiado com seu estatuto particular, seu gênero de vida próprio.

2 — As comunidades rurais não estão numa dependência tão absoluta em relação ao palácio que não possam subsistir independentemente dele. Abolido o controle real, o *damos* continuaria a trabalhar as mesmas terras segundo as mesmas técnicas. Como no passado, mas num quadro doravante puramente aldeão, ser-lhe-ia necessário alimentar os reis e ricos homens do lugar, por meio de remessas, presentes e prestações mais ou menos obrigatórias.

---

[10] Martin S. Ruiperez, KO-RE-TE e PO-RO-KO-RO-TE-RE, Remarques sur l'organisation militaire mycénienne, *Études Mycéniennes, Actes du Colloque international sur les textes mycéniens*, p. 105-120; contra: J. Taillardat, Notules mycéniennes. Mycénien Ko-re-te et homérique χαλήτωρ, *Revue des Etudes Grecques*, 73, 1960, pp. 1-5.

3 — A organização do Palácio com seu pessoal administrativo, suas técnicas de contabilidade e de controle, sua regulamentação estrita da vida econômica e social, apresenta um caráter de plágio. Todo o sistema repousa no emprego da escrita e na constituição de arquivos. São os escribas cretenses, postos ao serviço das dinastias micênicas, que, transformando o linear em uso no palácio de Cnossos (linear A) para adaptá-lo ao dialeto dos novos senhores (linear B), levaram-lhes os meios de implantar na Grécia continental os métodos administrativos próprios da economia palaciana. A extraordinária fixidez da língua das plaquetas pelo tempo (mais de 150 anos separam as datas dos documentos de Cnossos e de Pilos[11]) e no espaço (Cnossos, Pilos, Micenas, mas também Tirinto, Tebas, Orcómeno) mostra que se trata de uma tradição mantida nos grupos estritamente fechados. Aos reis micênicos esses meios especializados de escribas cretenses forneceram, ao mesmo tempo que as técnicas, os esquemas para a administração de seu palácio.

Para os monarcas da Grécia, o sistema palaciano representava um notável instrumento de poder. Permitia estabelecer um controle rigoroso do Estado sobre um território extenso. Atraía para acumulá-la em suas mãos toda a riqueza do país e concentrava, sob uma direção única,

---

[11] Se é aceita, para os documentos de Cnossos, a indicação das datas feita por A. J. Evans. Sobre a controvérsia que estabeleceram a esse respeito L. R. Palmer e S. Hood, cf. J. Raison, Une controverse sur la chronologie cnossienne, *Bull. de l'Ass. Guillaume Budé*, 1961, pp. 305-319.

recursos e forças militares importantes. Possibilitava assim as grandes aventuras em países longínquos, para lá se estabelecer em terras novas ou para ir buscar, além dos mares, o metal e os produtos que faltavam no continente grego. Entre o sistema de economia palaciana, a expansão micênica pelo Mediterrâneo, o desenvolvimento na própria Grécia, ao lado da vida agrícola, de uma indústria artesanal já muito especializada, organizada em guildas sob o modelo oriental, a relação aparece estreita.

É todo esse conjunto que a invasão dórica destrói. Rompe, por longos séculos, os vínculos da Grécia com o Oriente. Abatida Micenas, o mar deixa de ser um caminho de passagem para tornar-se uma barreira. Isolado, voltado para si mesmo, o continente grego retorna a uma forma de economia puramente agrícola. O mundo homérico não conhece mais uma divisão do trabalho comparável à do mundo micênico, nem o emprego numa escala tão vasta da mão-de-obra servil. Ignora as múltiplas corporações de "homens da ferramenta" agrupados nos arredores do palácio ou colocados nas aldeias para aí executar as ordens reais. Na queda do império micênico, o sistema palaciano desaba completamente; jamais se erguerá. O termo *ánax* desaparece do vocabulário propriamente político. É substituído, em seu emprego técnico para designar a função real, pela palavra *basileus* cujo valor estritamente local observamos e que, de preferência a uma pessoa única a concentrar em si todas as formas do poder, designa, empregado no plural, uma categoria de Grandes que se colocam igualmente no cume da hierarquia social. Abolido o reino do *ánax*, não se encontra mais traço de um controle organizado pelo rei, de um aparelho administrativo, de uma classe de escribas. A própria escrita desaparece, como desfeita na ruína dos palácios. Quando os gregos a redescobrirem, pelo fim do século IX, tomando-a esta vez dos fenícios, não será somente uma escrita de um tipo diferente, fonética, mas sim o produto de uma civilização radicalmente distinta: não mais a especialidade de uma classe de escribas, mas o elemento de uma cultura comum. Seu significado social e psicológico ter-se-á também transformado — poder-se-ia dizer invertido: a escrita não terá mais por objeto constituir para uso do rei arquivos no recesso de um palácio; terá correlação doravante com a função de publicidade; vai permitir divulgar, colocar igualmente sob o olhar de todos, os diversos aspectos da vida social e política.

BIBLIOGRAFIA

John Chadwick, *The decipherment of Linear B*, Cambridge, 1958; *Etudes mycéniennes. Actes du Colloque international sur les textes mycéniens*, Paris, 1956; L. R. Palmer, *Achaeans and Indoeuropeans,* Oxford, 1955; M. Ventris e J. Chadwick, *Documents in Mycenaean Greek*, Cambridge, 1956.

Sobre as estruturas sociais e o regime territorial: W. E. Brown, Landtenure in mycenaean Pylos, *Historia,* 5, 1956, pp. 385-400; E. L. Bennett, The landholders of Pylos, *American Journal of Archaeology 60,* 1956, pp. 103-133; M. I. Finley, Homer and Mycenae: Property and Tenure, *Historia,* 6, 1957, pp. 133-159; e The mycenaean tablets and economic history, *The economic history review,* 2ª série, *10,* 1957, p. 128-141 (com uma réplica de L. R.

Palmer, *ibid.*, *11*, 1958, pp. 87-96); M. S. Ruiperez, Mycenaean land-division and livestock grazing, *Minos,* 5, pp. 174-207; G. Thomson, On Greek land tenure, in *Studies Robinson*, II, pp. 840-857; E. Will, Aux origines du régime foncier grec, *Revue des études anciennes*, 59, 1957, pp. 5-50.

---------- CAPÍTULO III ----------

A CRISE DA SOBERANIA

A queda do poder micênico, a expansão dos dórios no Peloponeso, em Creta e até em Rodes inauguram uma nova idade da civilização grega. A metalurgia do ferro sucede à do bronze. A incineração dos cadáveres substitui numa larga escala a prática da inumação. A cerâmica transforma-se profundamente: deixa as cenas da vida animal e vegetal por uma decoração geométrica. Divisão nítida das partes do vaso, redução das formas a modelos claros e simples, obediência a princípios de aridez e de rigor que excluem os elementos místicos, de tradição egéia — tais são os traços do novo estilo geométrico. T. B. L. Webster chega a falar a esse respeito de uma verdadeira revolução:[1] nessa arte despojada, reduzida ao essencial, reconhece uma atitude de espírito, que, segundo ele, marca igualmente as outras inovações do mesmo período: os homens já tomaram consciência de um passado separado do presente, diferente dele (a idade de bronze, idade

---

[1] T. B. L. Webster, *From Mycenae to Homer*, Londres, 1958.

dos heróis, contrasta com os tempos novos, votados ao ferro); o mundo dos mortos distanciou-se, separado do mundo dos vivos (a cremação partiu o liame do cadáver com a terra); uma distância insuperável se estabeleceu entre os homens e os deuses (o personagem do rei divino desapareceu). Assim em toda uma série de domínios, uma delimitação mais rigorosa dos diferentes planos do real prepara a obra de Homero, esta poesia épica que, no seio mesmo da religião, tende a afastar o mistério.

Neste capítulo, quereríamos sobretudo sublinhar o alcance das transformações sociais que mais diretamente repercutiram nos esquemas do pensamento. O primeiro testemunho dessas transformações é a língua. De Micenas a Homero, o vocabulário dos títulos, dos postos, das funções civis e militares, da tenência do solo desaparece quase completamente. Alguns termos que subsistem, como *basileus* ou *témenos*, não conservam mais, após a destruição do antigo sistema, exatamente o mesmo valor. Quer dizer que não há entre o mundo micênico e o mundo homérico nenhuma continuidade, nenhuma comparação possível? Foi o que se pretendeu.[2] Entretanto, o quadro de um pequeno reino como Ítaca, com seu *basileus*, sua assembléia, seus nobres turbulentos, seu *demos* silencioso em segundo plano, prolonga e esclarece manifestamente certos aspectos da realidade micênica. Aspectos provincianos, certamente, e que ficam fora do palácio. Mas precisamente o desaparecimento do *ánax* parece ter deixado sub-

---

[2] Cf. especialmente M. I. Finley, Homer and Mycenae: Property and tenure, *Historia*, 1957, pp. 133-159.

sistir lado a lado as duas forças sociais com as quais seu poder devia ter-se harmonizado: de um lado as comunidades aldeãs, de outro uma aristocracia guerreira cujas famílias mais eminentes detêm igualmente, como privilégio de *genos*, certos monopólios religiosos. Entre essas forças opostas, liberadas pelo desmoronamento do sistema palaciano, que se vão chocar às vezes com violência, a busca de um equilíbrio, de um acordo, fará nascer, num período de desordem, uma reflexão moral e especulações políticas que vão definir uma primeira forma de "sabedoria" humana. Esta *sophia* aparece desde a aurora do século VII; está ligada a uma plêiade de personagens bem estranhos aureolados de uma glória quase lendária e sempre celebrados pela Grécia como seus primeiros, como seus verdadeiros "Sábios". Ela não tem por objeto o universo da *physis*, mas o mundo dos homens: que elementos o compõem, que forças o dividem contra si mesmo, como harmonizá-las, unificá-las, para que de seus conflitos surja a ordem humana da cidade. Essa sabedoria é o fruto de uma longa história, difícil e acidentada, em que intervêm fatores múltiplos, mas que desde o início se afastou da concepção micênica do Soberano para orientar-se num outro caminho. Os problemas do poder, de suas formas, de seus componentes, foram repentinamente colocados em termos novos.

Com efeito, não é suficiente dizer que no curso desse período a realeza se vê despojada na Grécia de seus privilégios e que, mesmo onde subsiste, cede de fato o lugar a um estado aristocrático; deve-se acrescentar que essa *basileia* não era mais, desde então, a realeza micênica. O rei não só mudou de nome, mas de natureza. Nem na Grécia, nem na Jônia em que uma nova multidão de colonos que fugia da invasão dórica foi estabelecer-se, encontra-se vestígio de um poderio real do tipo micênico. Mesmo supondo que a Liga jônica do século VI prolongasse sob a forma de um agrupamento de cidades-estados independentes, uma organização mais antiga em que reis locais reconheciam a suserania de uma dinastia reinante em Éfeso,[3] tratar-se-ia de uma supremacia análoga à que Agamenão exerce, na Ilíada, sobre reis que são seus pares e cuja dependência se limita ao domínio de uma campanha feita em comum sob sua direção. Muito diferente é sem dúvida o controle imposto a todo momento, sobre toda pessoa, toda atividade e toda coisa, pelo *ánax* micênico por intermédio do palácio.

No que concerne a Atenas, único ponto da Grécia em que a continuidade com a época micênica não foi brutalmente rompida, o testemunho de Aristóteles, apoiado na tradição dos atidógrafos, apresenta-nos as etapas do que se poderia chamar o brilhantismo da soberania.[4] A presença, ao lado do rei, do polemarca, como chefe dos exércitos, já separa do soberano a função militar. A instituição do arcontado que Aristóteles situa sob os Codridas — isto é, no momento em que embarcam para a Jônia os aqueus refugiados de Pilos e do Peloponeso na Ática — marca uma ruptura mais decisiva. É a própria noção de *arché* —

---

[3] Cf. Michel B. Sakellariou, *La migration grecque en Ionie*, Atenas, 1958.
[4] *Aristóteles, Constituição de Atenas*, III, 2-4; cf. Chester G. Starr, The decline of the early Greek Kings, *Historia*, 10, 1961, pp. 129-138.

de comando — que se separa da *basileia*, conquista sua independência e vai definir o domínio de uma realidade propriamente política. Eleitos primeiro por dez anos, os arcontes são em seguida renovados cada ano. O sistema da eleição, mesmo se conservam ou se transpõem certos traços de um processo religioso, implica uma concepção nova do poder: a *arché* é todos os anos delegada por uma decisão humana, por uma escolha que supõe confronto e discussão. Essa delimitação mais estrita do poder político que toma forma de magistratura tem uma contrapartida: a *basileia* vê-se relegada a um setor especificamente religioso. O *basileus* não é mais este personagem quase divino cujo poder se manifesta em todos os planos; seu encargo limita-se ao exercício de certas funções sacerdotais.

À imagem do rei, senhor de todo poder, substitui-se a idéia de funções sociais especializadas, diferentes umas das outras, e cujo ajustamento cria difíceis problemas de equilíbrio. As lendas reais de Atenas são a esse respeito significativas. Ilustram um tema muito diferente daquele que se encontra em muitos mitos indo-europeus de soberania.[5] Para tomar um exemplo característico, as lendas reais citas, narradas por Heródoto, mostram no Soberano um personagem que se situa fora e acima das diversas classes funcionais de que a sociedade é composta; porque ele as representa todas, porque todas encontram igualmente

---

[5] Sobre os problemas da soberania no nível humano, sobre as relações do rei com as diversas classes e o conjunto do grupo social, leiam-se as observações de M. Georges Dumézil, Religion indo-européene. Examen de quelques critiques récentes, *Revue de l'Histoire des Religions*, 152, 1957, pp. 8-30.

nele a origem das virtudes que as definem, ele não pertence mais a nenhuma.⁶ Os três tipos de objetos de ouro — a taça de libações, a acha de armas, a charrua (relho e canga) — que simbolizam as três categorias sociais (sacerdotes, guerreiros, agricultores) nas quais os citas estão divididos, o Rei e só o Rei os possui todos ao mesmo tempo. As atividades humanas que se opõem na sociedade se encontram integradas e unidas na pessoa do soberano. As lendas de Atenas descrevem um processo inverso: uma crise sucessória que, em vez de pautar-se pela vitória de um pretendente sobre os outros e a concentração de toda a *arché* em suas mãos, conduz a uma divisão da soberania, apropriando-se cada um deles exclusivamente de um dos aspectos do poder e abandonando os outros a seus irmãos. Não se põe mais em destaque um personagem único que domina a vida social, mas uma multiplicidade de funções que, opondo-se umas às outras, necessitam de uma divisão, uma delimitação recíprocas.

Por ocasião da morte de Pandião, seus dois filhos dividem entre si a herança paterna. Erecteu recebe a *basileia*; Butes, esposo de Ctônia, filha de seu irmão, fica com a *hierosyne*: o sacerdócio. A *basileia* de Erecteu repousa

---

⁶ Heródoto, IV, 5-6, cf. E. Benveniste, Traditions indo-iraniennes sur les classes sociales, *Journal asiatique*, 230, 1938, pp. 529-549; G. Dumézil, *L'idéologie tripartie des Indo-européens*, Bruxelas, 1958, pp. 9-10; Les trois "trésors des ancêtres" dans l'épopée Narte, *Revue de l'Histoire des Religions*, 157, 1960, pp. 141-154. Encontrar-se-á na lenda real de Orcómene um tema análogo; cf. F. Vian, La triade des rois d'Orchomène: Eteoclès, Phlegyas, Minyas, in *Hommage à G. Dumézil*, pp. 215-224.

sobre o poder guerreiro: Erecteu é um combatente, o inventor do carro, morto em plena batalha. Essa primeira divisão não basta para regulamentar o problema dinástico. Erecteu deixa, por sua vez, três filhos: Cécrope, Metião, Pandoro. A partir dos dois mais velhos, fundadores de linhagens rivais, o conflito pelo trono propaga-se de geração para geração até Egeu, sem interromper aliás um circuito regular de intercâmbios matrimoniais entre os dois ramos familiares. Como H. Jeanmaire o mostrou, a luta dos cecrópidas e dos metiônidas exprime a tensão, no próprio seio da *basileia*, de dois aspectos opostos.[7] Recolocando-se esse episódio no conjunto da narrativa sobre a sucessão, verifica-se que a crise dinástica revela quatro princípios concorrentes, atuando na soberania: um princípio especificamente religioso, com Butes; um princípio de força guerreira, com Erecteu, a linhagem dos Cecrópidas, Egeu (ele próprio dividirá a *arché* em quatro, guardando para si todo o *Kratos*); um princípio ligado ao solo e às suas virtudes: Ctônia, Pandoro (a aproximar de Pandora); um princípio de poder mágico, personificado pela deusa Métis, esposa de Zeus, e que interessa mais especialmente as artes do fogo colocadas sob a proteção de Hefesto e Atena, deuses da *metis*, patronos dos artesãos. Tente-se aproximar esses quatro princípios das quatro tribos jônicas que puderam ter — e às quais os gregos deram explicitamente — valor funcional.[8]

---

[7] H. Jeanmaire, La naissance d'Athéna et la royauté magique de Zeus, *Revue Archéologique*, 48, 1956, pp. 12-40.
[8] As quatro tribos jônicas são chamadas: Hópletes, Argades, Geléontes, Aigicoréis, que H. Jeanmaire interpreta como: artesãos,

AS ORIGENS DO PENSAMENTO GREGO

O que o mito sugere pela narrativa de um conflito entre irmãos, a história e a teoria política o exporão por sua vez, sob uma forma sistemática, apresentando o corpo social como um composto feito de elementos heterogêneos, de partes — μοιραι ou μέρη — separadas, de classes de funções que se excluem umas às outras, mas cuja mistura e fusão devem, entretanto, realizar-se.[9]

Desaparecido o *ánax* que, pela virtude de um poder mais que humano, unificava e ordenava os diversos elementos do reino, novos problemas surgem: como a ordem pode nascer do conflito entre grupos rivais, do choque das prerrogativas e das funções opostas? Como uma vida comum pode apoiar-se em elementos discordantes? Ou — para retomar a própria fórmula dos Órficos — como, no plano social, o uno pode sair do múltiplo e o múltiplo do uno?[10]

---

agricultores, nobres (de função religiosa), guerreiros (*Couroi et Courètes*, Lille, 1939). Contra: cf. M. P. Nilsson, *Cults, myths, oracles and politic in ancient Greece*, Lund, 1951, App. 1: The Ionian Phylae; cf. também G. Dumézil, Métiers et classes fonctionnelles chez divers peuples indo-européens, *Annales. Economies, Sociétés, Civilisations*, 1958, pp. 716-724.

[9] Particularmente, Aristóteles, Política, II, 1261 a.

[10] V. Ehrenberg verifica que há, no centro da concepção grega da sociedade, uma contradição fundamental: o Estado é uno e homogêneo; o grupo humano é feito de partes múltiplas e heterogêneas. Essa contradição fica implícita, não formulada, porque os gregos jamais distinguiram claramente Estado e sociedade, plano político e plano social. Daí o embaraço, para não dizer a confusão, de um Aristóteles quando trata da unidade e da pluralidade da *polis*. (V. Ehrenberg, *The Greek state*, Oxford, 1960, p. 89). Vivida implicitamente na prática social, essa problemática do uno e do múltiplo, que se exprime também em certas correntes religiosas, será formulada com todo rigor ao nível do pensamento filosófico.

Poder de conflito — poder de união, *Eris-Philia*: essas duas entidades divinas, opostas e complementares, marcam como que os dois pólos da vida social no mundo aristocrático que sucede as antigas realezas. A exaltação dos valores de luta, de concorrência, de rivalidade associa-se ao sentimento de dependência para com uma só e mesma comunidade, para com uma exigência de unidade e de unificação sociais. O espírito de *agón* que anima os *gene* nobiliários se manifesta em todos os domínios. Na guerra primeiramente: a técnica do carro desapareceu com tudo o que implicava centralização política e administrativa; mas por isso o cavalo não assegurara menos a seu possuidor uma qualificação guerreira excepcional; os *Hippeis*, os *Hippobotes* definem uma elite militar ao mesmo tempo que uma aristocracia da terra; a imagem do cavaleiro associa o valor ao combate, o brilho do nascimento, a riqueza de bens de raiz e a participação de direito na vida pública. No plano religioso em seguida: cada *genos* se afirma como senhor de certos ritos, possuidor de fórmulas, de narrativas secretas, de símbolos divinos especialmente eficazes, que lhe conferem poderes e títulos de comando. Todo o domínio do "pré-jurídico" enfim, que governa as relações entre famílias, constitui em si uma espécie de *agón*, um combate codificado e sujeito a regras, em que se defrontam grupos, uma prova de força entre *gene* comparável à que põe em combate os atletas no curso dos Jogos. E a política toma, por sua vez, forma de *agón*: uma disputa oratória, um combate de argumentos cujo teatro é a *ágora*, praça pública, lugar de reunião antes de ser um mercado.¹¹ Os que se medem pela palavra, que opõem discurso a discurso, formam nessa sociedade hierarquizada um grupo de iguais. Como Hesíodo o observará, toda rivalidade, toda *eris* supõe relações de igualdade: a concorrência jamais pode existir senão entre iguais.¹² Esse espírito igualitário, no próprio seio de uma concepção agonística da vida social, é um dos traços que marca a mentalidade da aristocracia guerreira da Grécia e que contribui para dar à noção do poder um conteúdo novo. A *arché* não poderia mais ser a propriedade exclusiva de quem quer que seja; o Estado é precisamente o que se despojou de todo caráter privado, particular, o que, escapando da alçada dos *gene*, já aparece como a questão de todos.

As expressões de que se serve o grego são a esse respeito surpreendentes: dirá que certas deliberações, certas decisões devem ser levadas ἐς τὸ χοινόν, que os antigos privilégios do Rei, que a própria *arché* são depositadas ἐς τὸ μέσον, no meio, no centro. O recurso a uma imagem especial para exprimir a consciência que um grupo humano toma de si mesmo e o sentimento de sua existência como unidade política não têm simples valor de comparação. Refletem o advento de um espaço social inteiramente novo. As construções urbanas não são mais, com efeito, agrupadas como antes em torno de um palácio real, cerca-

---

¹¹ O termo guarda a lembrança da assembléia dos guerreiros, do *laos* reunido em formação militar. Entre a antiga assembléia guerreira, a assembléia dos cidadãos nos Estados oligárquicos, e a *Ecclesia* democrática, percebe-se uma espécie de linha contínua.
¹² Hesíodo, *Os Trabalhos e os Dias*, 25-6.

do de fortificações. A cidade está agora centralizada na Ágora, espaço comum, sede da *Hestia Koiné*, espaço público em que são debatidos os problemas de interesse geral. É a própria cidade que se cerca de muralhas, protegendo e delimitando em sua totalidade o grupo humano que a constitui. No local em que se elevava a cidade real — residência privada, privilegiada —, ela edifica templos que abre a um culto público. Nas ruínas do palácio, nessa Acrópole que ela consagra doravante a seus deuses, é ainda a si mesma que a comunidade projeta sobre o plano do sagrado, assim como se realiza, no plano profano, no espaço da Ágora. Esse quadro urbano define efetivamente um espaço mental; descobre um novo horizonte espiritual. Desde que se centraliza na praça pública, a cidade já é, no sentido pleno do termo, uma *polis*.

—————— CAPÍTULO IV ——————

O UNIVERSO ESPIRITUAL
DA POLIS

O aparecimento da *polis* constitui, na história do pensamento grego, um acontecimento decisivo. Certamente, no plano intelectual como no domínio das instituições, só no fim alcançará todas as suas conseqüências; a *polis* conhecerá etapas múltiplas e formas variadas. Entretanto, desde seu advento, que se pode situar entre os séculos VIII e VII, marca um começo, uma verdadeira invenção; por ela, a vida social e as relações entre os homens tomam uma forma nova, cuja originalidade será plenamente sentida pelos gregos.[1]

O que implica o sistema da *polis* é primeiramente uma extraordinária preeminência da palavra sobre todos os outros instrumentos do poder. Torna-se o instrumento político por excelência, a chave de toda autoridade no

---

[1] Cf. V. Ehrenberg, When did the Polis rise?, *Journal of Hellenic Studies*, 57, 1937, pp. 147-159; Origins of democracy, *Historia*, l, 1950, pp. 519-548.

Estado, o meio de comando e de domínio sobre outrem. Esse poder da palavra — de que os gregos farão uma divindade: *Peithó*, a força de persuasão — lembra a eficácia das palavras e das fórmulas em certos rituais religiosos, ou o valor atribuído aos "ditos" do rei quando pronuncia soberanamente a *themis*; entretanto, trata-se na realidade de coisa bem diferente. A palavra não é mais o termo ritual, a fórmula justa, mas o debate contraditório, a discussão, a argumentação. Supõe um público ao qual ela se dirige como a um juiz que decide em última instância, de mãos erguidas, entre os dois partidos que lhe são apresentados; é essa escolha puramente humana que mede a força de persuasão respectiva dos dois discursos, assegurando a vitória de um dos oradores sobre seu adversário.

Todas as questões de interesse geral que o Soberano tinha por função regularizar e que definem o campo da *arché* são agora submetidas à arte oratória e deverão resolver-se na conclusão de um debate; é preciso, pois, que possam ser formuladas em discursos, amoldadas às demonstrações antitéticas e às argumentações opostas. Entre a política e o *logos*, há assim relação estreita, vínculo recíproco. A arte política é essencialmente exercício da linguagem; e o *logos*, na origem, toma consciência de si mesmo, de suas regras, de sua eficácia, por intermédio de sua função política. Historicamente, são a retórica e a sofística que, pela análise que empreendem das formas do discurso como instrumento de vitória nas lutas da assembléia e do tribunal, abrem caminho às pesquisas de Aristóteles ao definir, ao lado de uma técnica da persuasão, regras da demonstração e ao pôr uma lógica do verdadeiro, própria do saber teórico, em face da lógica do verossímil ou do provável, que preside aos debates arriscados na prática.

Uma segunda característica da *polis* é o cunho de plena publicidade dada às manifestações mais importantes da vida social. Pode-se mesmo dizer que a *polis* existe apenas na medida em que se distinguiu um domínio público, nos dois sentidos diferentes, mas solidários do termo: um setor de interesse comum, opondo-se aos assuntos privados; práticas abertas, estabelecidas em pleno dia, opondo-se a processos secretos. Essa exigência de publicidade leva a apreender progressivamente em proveito do grupo e a colocar sob o olhar de todos o conjunto das condutas, dos processos, dos conhecimentos que constituíam na origem o privilégio exclusivo do *basileus*, ou dos *gene* detentores da *arché*. Esse duplo movimento de democratização e de divulgação terá, no plano intelectual, conseqüências decisivas. A cultura grega constitui-se, dando a um círculo sempre mais amplo — finalmente ao *demos* todo — o acesso ao mundo espiritual, reservado no início a uma aristocracia de caráter guerreiro e sacerdotal (a epopéia homérica é um primeiro exemplo desse processo: uma poesia de corte, cantada primeiramente nas salas dos palácios; depois sai deles, desenvolve-se e transpõe-se em poesia de festa). Mas esse desenvolvimento comporta uma profunda transformação. Tornando-se elementos de uma cultura comum, os conhecimentos, os valores, as técnicas mentais são levados à praça pública, sujeitos à crítica e à controvérsia. Não são mais conservados, como garantia de poder, no recesso de tradições familiares; sua publicação motivará exegeses, interpretações diversas, oposições, debates apaixonados. Doravante, a discussão, a argumentação, a polêmica tornam-se as regras do jogo intelectual, assim como do jogo político. O controle constante da comunidade se exerce sobre as criações do espírito, assim como sobre as magistraturas do Estado. A lei da *polis*, por oposição ao poder absoluto do monarca, exige que umas e outras sejam igualmente submetidas à "prestação de contas", εὔθυναι. Já se não impõem pela força de um prestígio pessoal ou religioso; devem mostrar sua retidão por processos de ordem dialética.

Era a palavra que formava, no quadro da cidade, o instrumento da vida política; é a escrita que vai fornecer, no plano propriamente intelectual, o meio de uma cultura comum e permitir uma completa divulgação de conhecimentos previamente reservados ou interditos. Tomada dos fenícios e modificada por uma transcrição mais precisa dos sons gregos, a escrita poderá satisfazer essa função de publicidade porque ela própria se tornou, quase com o mesmo direito da língua falada, o bem comum de todos os cidadãos. As mais antigas inscrições em alfabeto grego que conhecíamos mostram que, desde o século VIII, não se trata mais de um saber especializado, reservado a escribas, mas de uma técnica de amplo uso, livremente difundida no público.[2] Ao lado da recitação decorada de textos de Homero ou de Hesíodo — que continua sendo tradicional —, a escrita constituirá o elemento de base da *paideia* grega.

---

[2] John Forsdyke, *Greece before Homer. Ancient chronology and mythology*, Londres, 1956, pp. 18 e ss.; cf. também as notas de Cl. Préaux, Du linéaire B créto-mycénien aux ostraca grecs d'Egypte, *Chronique d'Egypte*, 34, 1959, pp. 79-85.

Compreende-se assim o alcance de uma reivindicação que surge desde o nascimento da cidade: a redação das leis. Ao escrevê-las, não se faz mais que assegurar-lhes permanência e fixidez. Subtraem-se à autoridade privada dos *basileis*, cuja função era "dizer" o direito; tornam-se bem comum, regra geral, suscetível de ser aplicada a todos da mesma maneira. No mundo de Hesíodo, anterior ao regime da Cidade, a *dike* atuava ainda em dois planos, como dividida entre o céu e a terra: para o pequeno cultivador beócio, a *dike* é, neste mundo, uma decisão de fato dependente da arbitrariedade dos reis "comedores de presentes"; no céu, é uma divindade soberana, mas longínqua e inacessível. Ao contrário, pela publicidade que lhe confere a escrita, a *dike*, sem deixar de aparecer como um valor ideal, vai poder encarnar-se num plano propriamente humano, realizar-se na lei, regra comum a todos, mas superior a todos, norma racional, sujeita à discussão e modificável por decreto, mas que nem por isso deixa de exprimir uma ordem concebida como sagrada.

Quando, por sua vez, os indivíduos decidirem tornar público o seu saber por meio da escrita, seja sob forma de livro como os que Anaximandro e Ferecides teriam sido os primeiros a escrever ou como o que Heráclito depositaria no templo de Ártemis em Éfeso, seja sob forma de *parápegma*, inscrição monumental em pedra, análoga às que a cidade faz gravar em nome de seus magistrados ou de seus sacerdotes (cidadãos particulares nelas inscreverão observações astronômicas ou tábuas de cronologia), sua ambição não será fazer conhecer a outros uma descoberta ou uma opinião pessoais; o que vão querer, depositando sua mensagem ἐς τὸ ἥετον é fazer dela o bem comum da cidade, uma norma suscetível, como a lei, de impor-se a todos.³ Uma vez divulgada, sua sabedoria toma uma consistência e uma objetividade novas: ela constitui-se em si mesma como verdade. Não se trata mais de um segredo religioso, reservado a alguns eleitos, favorecidos por uma graça divina. Certamente, a verdade do sábio, como o segredo religioso, é revelação do essencial, descoberta de uma realidade superior que ultrapassa muito o comum dos homens; mas, entregue à escrita, ela é destacada do círculo fechado das seitas para ser exposta em plena luz aos olhares da cidade inteira; isto significa reconhecer que ela é por direito acessível a todos, aceitar submetê-la, como o debate político, ao julgamento de todos, com a esperança de que em definitivo será por todos aceita e reconhecida.

Essa transformação de um saber secreto de tipo esotérico, num corpo de verdades divulgadas no público, tem seu paralelo num outro setor da vida social. Os antigos sacerdócios pertenciam como propriedade particular a certos *gene* e marcavam seu parentesco especial com um poder divino; — a *polis*, quando é constituída, confisca-os em seu proveito e os transforma em cultos oficiais da cidade. A proteção que a divindade reservava outrora a seus favoritos vai doravante exercer-se em benefício da comunidade toda. Mas quem diz culto de cidade diz culto público. Todos os antigos *sacra*, sinais de investidura, símbolos religiosos, brasões, *xóana* de madeira, zelosamente con-

---

[3] Cf. Diógenes Laércio, I, 43, carta de Tales a Ferecides.

servados como talismãs de poderio no recesso dos palácios ou no fundo das casas de sacerdote, vão emigrar para o templo, morada aberta, morada pública. Nesse espaço impessoal que se volta para fora e doravante projeta no exterior a decoração de seus frisos esculpidos, os velhos ídolos transformam-se por sua vez: perdem, com seu caráter secreto, sua virtude de símbolo eficaz; eis que se tornam "imagens", sem outra função ritual senão a de serem vistos, sem outra realidade religiosa senão sua aparência. Da grande estátua cultual alojada no templo para nele manifestar o deus, poder-se-ia dizer que todo seu *esse* consiste doravante em um *percipi*. Os *sacra*, outrora carregados de uma força perigosa e não expostos à vista do público, tornam-se sob o olhar da cidade um espetáculo, um "ensinamento sobre os deuses", como sob o olhar da cidade, as narrativas secretas, as fórmulas ocultas se despojam de seu mistério e seu poder religioso para se tornarem as "verdades" que os Sábios vão debater.

Entretanto, não é sem dificuldade nem sem resistência que a vida social é assim entregue a uma publicidade completa. O processo de divulgação faz-se por etapas; encontra, em todos os domínios, obstáculos que limitam seus progressos. Mesmo no plano político, práticas de governo secreto mantêm, em pleno período clássico, uma forma de poder que opera por vias misteriosas e meios sobrenaturais. O regime de Esparta oferece os melhores exemplos desses processos secretos. Mas a utilização, como técnicas de governo, de santuários secretos, de oráculos privados, reservados exclusivamente a certos magistrados, ou coleções divinatórias não divulgadas, de que se apropriam certos dirigentes, também está atestada em outros lugares. Além disso, muitas cidades colocam sua salvação na posse de relíquias secretas: ossadas de heróis, cujo túmulo, ignorado do público, não deve ser conhecido, sob pena de arruinar o Estado, senão apenas pelos magistrados qualificados para receber, por ocasião de seu acesso ao cargo, essa perigosa revelação. O valor político atribuído a esses talismãs secretos não é simples sobrevivência do passado. Corresponde a necessidades sociais definidas. A salvação da cidade não põe necessariamente em jogo forças que escapam ao cálculo da razão humana, elementos que não são possíveis apreciar num debate, nem prever ao termo de uma deliberação? Essa intervenção de um poder sobrenatural cujo papel é finalmente decisivo — a providência de Heródoto, a *tyche* de Tucídides —, deve ser bem considerada e ter seu lugar na economia dos fatores políticos. Ora, o culto público das divindades olímpicas só pode responder em parte a essa função. Refere-se a um mundo divino geral demais e também distante demais; define uma ordem do sagrado que precisamente se opõe, como o *hierós* ao *hósios*, ao domínio profano no qual se situa a administração da cidade. A dessacralização de todo um plano da vida política tem como contrapartida uma religião oficial que se distanciou das questões humanas e que não está mais tão diretamente ligada às vicissitudes da *arché*. Entretanto, quaisquer que sejam a lucidez dos chefes políticos e a sabedoria dos cidadãos, as decisões da assembléia têm por objeto um futuro que permanece fundamentalmente opaco e que não pode ser alcançado completamente pela inteligência. É então essencial assegurar-se o seu controle, na medida do possível, por outras diligências, que empregam não mais meios humanos, mas a eficácia do rito. O "racionalismo" político que preside às instituições da cidade se opõe certamente aos antigos processos religiosos do governo, mas sem por isso excluí-los de maneira radical.[4]

Além disso, no domínio da religião, desenvolvem-se, à margem da cidade e ao lado do culto público, associações fundadas secretamente. Seitas, confrarias e mistérios são grupos fechados, hierarquizados, comportando escalas e graus. Organizados sob o modelo das sociedades de iniciação, sua função é selecionar, por meio de uma série de provas, uma minoria de eleitos que se beneficiarão com privilégios inacessíveis ao comum. Mas, contrariamente às iniciações antigas às quais os jovens guerreiros, os *couroi*, eram submetidos e que lhes conferiam uma habilitação ao poder, os novos agrupamentos secretos são doravante confinados a um terreno puramente religioso. No quadro da cidade, a iniciação não pode mais trazer senão uma transformação "espiritual", sem repercussão política. Os eleitos, os *epoptas*, são puros, santos. Aparentados com o

---

[4] Pense-se no papel da adivinhação na vida política dos gregos. De maneira mais geral, observar-se-á que toda magistratura conserva um caráter sagrado. Mas, a esse respeito, dá-se no plano político o mesmo que no jurídico. Os processos religiosos, que tinham na origem valor em si mesmos, tornam-se, no quadro do direito, introdutores de instância. Do mesmo modo, os ritos, como o sacrifício ou o juramento, aos quais os magistrados ficam sujeitos ao assumir o cargo, constituem o esquema formal e não mais a força interna da vida política. Neste sentido, há certamente secularização.

divino, estão certamente votados a um destino excepcional, mas conhecê-lo-ão no além. A promoção com que eles se beneficiam pertence a um outro mundo.

A todos que desejam conhecer a iniciação o mistério oferece, sem restrição de nascimento nem de classe, a promessa de uma imortalidade bem-aventurada, que era na origem privilégio exclusivamente real; divulga, no círculo mais amplo dos iniciados, os segredos religiosos que pertencem como propriedade particular a famílias sacerdotais, como os *Kérykes* ou os *Eumólpides*. Mas, apesar dessa democratização de um privilégio religioso, o mistério em nenhum momento se coloca numa perspectiva de publicidade. Ao contrário, o que o define como mistério é a pretensão de atingir uma verdade inacessível por vias normais e que não poderia de maneira alguma ser "exposta"; é a pretensão de obter uma revelação tão excepcional que dá acesso a uma vida religiosa desconhecida do culto de Estado e que reserva aos iniciados uma sorte sem comparação com a condição ordinária do cidadão. O segredo toma assim, em contraste com a publicidade do culto oficial, uma significação religiosa particular: define uma religião de salvação pessoal visando transformar o indivíduo independentemente da ordem social, a realizar nele uma espécie de novo nascimento que o destaque do estatuto comum e o faça penetrar num plano de vida diferente.

Mas, nesse terreno, as pesquisas dos primeiros Sábios iam retomar as preocupações das seitas a ponto de se confundirem às vezes com elas. Os ensinamentos da Sabedoria, como as revelações dos mistérios, pretendem transformar o homem no íntimo, elevá-lo a uma condição superior, fazer dele um ser único, quase um deus, um *theios anér*. Se a cidade se dirige ao Sábio, quando se sente entregue à desordem e à impureza, se lhe pede a solução de seus males, é precisamente porque ele lhe aparece como um ser à parte, excepcional, um homem divino que todo seu gênero de vida isola e coloca à margem da comunidade. Reciprocamente, quando o Sábio se dirige à cidade, pela palavra ou por escrito, é sempre para transmitir-lhe uma verdade que vem do alto e que, mesmo divulgada, não deixa de pertencer a um outro mundo, estranho à vida ordinária. A primeira sabedoria constitui-se assim numa espécie de contradição em que se exprime sua natureza paradoxal: entrega ao público um saber que proclama ao mesmo tempo inacessível à maior parte. Não tem ele por objeto revelar o invisível, fazer ver esse mundo dos *ádela* que se dissimula atrás das aparências? A sabedoria revela uma verdade tão prestigiosa que deve ser paga ao preço de duros esforços e que fica, como a visão dos *epoptas*, oculta aos olhos do vulgo; exprime certamente o segredo, formula-o em palavras, mas o povo não pode apreender seu sentido. Leva o mistério para a praça pública; faz dele o objeto de um exame, de um estudo, sem deixar entretanto completamente de ser um mistério. Aos ritos de iniciação tradicionais que proibiam o acesso às revelações interditas, a *sophia* e a *philosophia* substituem outras provas: uma regra de vida, um caminho de ascese, uma via de pesquisa que, ao lado das técnicas de discussão, de argumentação, ou dos novos instrumentos mentais como as matemáticas, conservam em seu lugar antigas práticas divinatórias, exercícios espirituais de concentração, de êxtase, de separação da alma e do corpo.

A filosofia vai encontrar-se, pois, ao nascer, numa posição ambígua: em seus métodos, em sua inspiração, aparentar-se-á ao mesmo tempo às iniciações dos mistérios e às controvérsias da ágora; flutuará entre o espírito de segredo próprio das seitas e a publicidade do debate contraditório que caracteriza a atividade política. Segundo os meios, os momentos, as tendências, ver-se-á que, como a seita pitagórica na Grande Grécia, no século VI, ela organiza-se em confraria fechada e recusa entregar à escrita uma doutrina puramente esotérica. Poderá também, como o fará o movimento dos Sofistas, integrar-se inteiramente na vida pública, apresentar-se como uma preparação ao exercício do poder na cidade e oferecer-se livremente a cada cidadão, mediante lições pagas a dinheiro. Dessa ambigüidade que marca sua origem, a filosofia grega talvez jamais se tenha libertado inteiramente. O filósofo não deixará de oscilar entre duas atitudes, de hesitar entre duas tentações contrárias. Ora afirmará ser o único qualificado para dirigir o Estado, e, tomando orgulhosamente a posição do rei-divino, pretenderá, em nome desse "saber" que o eleva acima dos homens, reformar toda a vida social e ordenar soberanamente a cidade. Ora ele se retirará do mundo para recolher-se numa sabedoria puramente privada; agrupando em torno de si alguns discípulos, desejará com eles instaurar, na cidade, uma cidade diferente, à margem da primeira e, renunciando à vida pública, buscará sua salvação no conhecimento e na contemplação.

Aos dois aspectos que assinalamos — prestígio da palavra, desenvolvimento das práticas públicas —, um outro traço se acrescenta para caracterizar o universo espiritual da *polis*. Os que compõem a cidade, por mais diferentes que sejam por sua origem, sua classe, sua função, aparecem de uma certa maneira "semelhantes" uns aos outros. Esta semelhança cria a unidade da *polis*, porque, para os gregos, só os semelhantes podem encontrar-se mutuamente unidos pela *Philia*, associados numa mesma comunidade. O vínculo do homem com o homem vai tomar assim, no esquema da cidade, a forma de uma relação recíproca, reversível, substituindo as relações hierárquicas de submissão e de domínio. Todos os que participam do Estado vão definir-se como *Hómoioi*, semelhantes, depois, de maneira mais abstrata, como os *Isoi*, iguais. Apesar de tudo o que os opõe no concreto da vida social, os cidadãos se concebem, no plano político, como unidades permutáveis no interior de um sistema cuja lei é o equilíbrio, cuja norma é a igualdade. Essa imagem do mundo humano encontrará no século VI sua expressão rigorosa num conceito, o de *isonomia*: igual participação de todos os cidadãos no exercício do poder. Mas antes de adquirir esse valor plenamente democrático e de inspirar, no plano institucional, reformas como as de Clístenes, o ideal de *isonomia* pôde traduzir ou prolongar aspirações comunitárias que remontam muito mais alto, até as origens da *polis*. Vários testemunhos mostram que os termos *isonomia*, *isocratia* serviram, em círculos aristocráticos, para definir, por oposição ao poder absoluto de um só (a *monarchia* ou a *tyrannís*), um regime oligárquico em que a *arché* é reservada a um pequeno número, excetuando-se a massa, mas é partilhada de maneira igual entre todos os membros dessa elite.[5] Se a exigência de *isonomia* pôde adquirir no fim do século VI uma tal força, pôde-se justificar a reivindicação popular de um livre acesso do *demos* a todas as magistraturas, foi sem dúvida porque se enraizava numa tradição igualitária muito antiga, foi porque correspondia mesmo a certas atitudes psicológicas da aristocracia dos *hippeis*. É, com efeito, essa nobreza militar que estabelece pela primeira vez, entre a qualificação guerreira e o direito de participar nos negócios públicos, uma equivalência que não será mais discutida. Na *polis*, o estado de soldado coincide com o de cidadão: quem tem seu lugar na formação militar da cidade igualmente o tem na sua organização política. Ora, desde o meio do século VII, as modificações do armamento e uma revolução na técnica do combate transformam o personagem do guerreiro, renovam seu estatuto social e seu retrato psicológico.[6]

O aparecimento do hoplita, pesadamente armado, combatendo em linha, e seu emprego em formação cerrada segundo o princípio da falange dão um golpe decisivo nas prerrogativas militares dos *hippeis*. Todos os que podem fazer as despesas de seu equipamento de hoplitas — isto é, os pequenos proprietários livres que formam o

---

[5] Cf. V. Ehrenberg (Origins of democracy, 1. c.), que lembra que o canto de Harmódios e Aristogíton glorifica esses eupátridas por terem feito os atenienses *isonomous*; cf. também Tucídides, III, 62.
[6] Cf. A. Andrews, *The Greek tyrants*, Londres, 1956, cap. 3: The military factor; F. E Adcock, *The Greek and Macedonian art of war*, Berkeley and Los Angeles, 1957; sobre a data do aparecimento do hoplita, cf. P. Courbin, Une tombe géométrique d'Argos, *Bulletin de correspondance hellénique*, 81, 1957, pp. 322-384.

demos, como são em Atenas os zeugitas —, acham-se colocados no mesmo plano que os possuidores de cavalos. Mas, mesmo neste caso, a democratização da função militar — antigo privilégio aristocrático — causa uma transformação completa da ética do guerreiro. O herói homérico, o bom condutor de carros, podia ainda sobreviver na pessoa do *hippeus*; já não tem muita coisa em comum com o hoplita, esse soldado-cidadão. O que contava para o primeiro era a façanha individual, a proeza feita em combate singular. Na batalha, mosaico de duelos em que se enfrentam os *prómachoi*, o valor militar afirmava-se sob forma de uma *aristeia*, de uma superioridade toda pessoal. A audácia que permitia ao guerreiro executar aquelas ações brilhantes, encontrava-a numa espécie de exaltação, de furor belicoso, a *lyssa*, onde o lançava, como fora de si mesmo, o *menos*, o ardor inspirado por um deus. Mas o hoplita já não conhece o combate singular; deve recusar, se se lhe oferece, a tentação de uma proeza puramente individual. É o homem da batalha de braço a braço, da luta ombro a ombro. Foi treinado em manter a posição, marchar em ordem, lançar-se com passos iguais contra o inimigo, cuidar, no meio da peleja, de não deixar seu posto. A virtude guerreira não é mais da ordem do *thymós*; é feita de *sophrosyne*: um domínio completo de si, um constante controle para submeter-se a uma disciplina comum, o sangue frio necessário para refrear os impulsos instintivos que correriam o risco de perturbar a ordem geral da formação. A falange faz do hoplita, como a cidade faz do cidadão, uma unidade permutável, um elemento semelhante a todos os outros, e cuja *aristeia*, o valor individual, não deve jamais se manifestar senão no quadro imposto pela manobra de conjunto, pela coesão de grupo, pelo efeito de massa, novos instrumentos da vitória. Até na guerra, a *Eris*, o desejo de triunfar do adversário, de afirmar sua superioridade sobre outrem, deve submeter-se à *Philia*, ao espírito de comunidade; o poder dos indivíduos deve inclinar-se diante da lei do grupo. Heródoto, ao mencionar, após cada narrativa de batalha, os nomes das cidades e dos indivíduos que se mostraram os mais valentes em Platéia, dá a palma, entre os espartanos, a Aristodamo: o homem fazia parte dos trezentos lacedemônios que tinham defendido as Termópilas; só ele tinha voltado são e salvo; preocupado em lavar o opróbrio que os espartanos ligavam a essa sobrevivência, procurou e encontrou a morte em Platéia ao realizar façanhas admiráveis. Mas não foi a ele que os espartanos concederam, com o prêmio da bravura, as honras fúnebres devidas aos melhores; recusaram-lhe a *aristeia* porque, combatendo furiosamente, como um homem alucinado pela *lyssa*, tinha abandonado seu posto.[7]

A narrativa ilustra de maneira surpreendente uma atitude psicológica que não se manifesta somente no domínio da guerra, mas que, em todos os planos da vida social, marca uma viragem decisiva na história da *Polis*. Chega um momento em que a cidade rejeita as atitudes tradicionais da aristocracia tendentes a exaltar o prestígio, a reforçar o poder dos indivíduos e dos *gene*, a elevá-los acima do comum. São assim condenados como descomedimento, como *hybris* — do mesmo modo que o furor guerreiro e a

---

[7] Heródoto, IX, 71.

busca no combate de uma glória puramente particular —, a ostentação da riqueza, o luxo das vestimentas, a suntuosidade dos funerais, as manifestações excessivas da dor em caso de luto, um comportamento muito ostensivo das mulheres, ou o comportamento demasiado seguro, demasiado audacioso da juventude nobre.

Todas essas práticas são doravante rejeitadas porque, acusando as desigualdades sociais e o sentimento de distância entre os indivíduos, suscitam a inveja, criam dissonâncias no grupo, põem em perigo seu equilíbrio, sua unidade, dividem a cidade contra si mesma. O que agora é preconizado é um ideal austero de reserva e de moderação, um estilo de vida severo, quase ascético, que faz desaparecer entre os cidadãos as diferenças de costumes e de condição para melhor aproximá-los uns dos outros, uni-los como os membros de uma só família.

Em Esparta, é o fator militar que parece efetivamente ter desempenhado no advento da mentalidade nova o papel decisivo. A Esparta do século VII não é ainda aquele estado cuja originalidade provocará entre os outros gregos um espanto misturado de admiração. Está então empenhada no movimento geral da civilização que leva as aristocracias das diversas cidades ao luxo, fazendo-as desejar uma vida mais refinada e buscar as empresas lucrativas. A ruptura se produz entre os séculos VII e VI. Esparta concentra-se em si mesma, fixa-se em instituições que a consagram completamente à guerra. Não somente repudia a ostentação da riqueza, mas fecha-se a tudo o que é intercâmbio com o estrangeiro, comércio, atividade artesanal; proíbe o uso dos metais preciosos, depois a moeda de ouro e de prata; permanece fora das grandes correntes intelectuais, negligencia as letras e as artes em que se tinha celebrizado antes. A filosofia e o pensamento gregos parecem assim não lhe dever nada.

Deve-se dizer somente "parecem". As transformações sociais e políticas que as novas técnicas de guerra produzem em Esparta e que resultam numa cidade de hoplitas traduzem, no plano das instituições, aquela mesma exigência de um mundo humano equilibrado, ordenado pela lei, que os Sábios pela mesma época formularão no plano propriamente conceptual nas cidades que, por falta de uma solução do tipo espartano, conhecerão sedições e conflitos interiores. Insistiu-se com razão no arcaísmo de instituições às quais Esparta ficará obstinadamente presa: classes de idades, iniciações guerreiras, criptia. Mas deve-se também sublinhar outras características que a tornam adiantada para o seu tempo: o espírito igualitário de uma reforma que suprime a oposição antiga do *laós* e do *demos* para constituir um corpo de soldados-cidadãos, definidos como *hómoioi* e dispondo todos eles em princípio de um lote de terra, de um *kleros*, exatamente igual ao dos outros. A essa primeira forma de *isomoira* (talvez houvesse então uma nova partilha das terras) deve-se acrescentar o aspecto comunitário de uma vida social que impõe a todos um mesmo regime de austeridade, que codifica, por aversão ao luxo, até a maneira pela qual as casas particulares devem ser construídas, e que institui a prática das *sissitias*, das refeições comuns a que cada um leva, todos os meses, seu escote regulamentar de cevada, de vinho, de queijo e de figos. Deve-se notar enfim que o regime de Esparta, com sua dupla realeza, a *apella*, os *éphoroi* e a *gerousia*, realiza um "equilíbrio" entre os elementos sociais que representam funções, virtudes ou valores opostos. Nesse equilíbrio recíproco assenta-se a unidade do Estado, ficando cada elemento contido pelos outros nos limites que não deve ultrapassar. Plutarco atribui assim à *gerousia* um papel de contrapeso que mantém entre a *apella* popular e a autoridade real, um constante equilíbrio que se coloca, segundo o caso, do lado dos reis para opor-se à democracia, ou do lado do povo para impedir o poder de um só.[8] Da mesma maneira, a instituição dos *éphoroi* representa no corpo social um elemento guerreiro, "junior" e popular, por oposição à *gerousia* aristocrática, qualificada, como convém a "seniores", por uma ponderação e uma sabedoria que devem contrabalançar a audácia e o vigor guerreiros dos *couroi*.

No Estado espartano, a sociedade já não forma, como nos reinos micênicos, uma pirâmide cujo cimo o rei ocupa. Todos os que, tendo recebido o treino militar com a série das provas e iniciações que comporta, possuem um *kleros* e participam das sissitias encontram-se elevados ao mesmo plano. É esse plano que define a cidade.[9] A ordem social já não aparece então sob a dependência do soberano; já não está ligada ao poder criador de um personagem excepcional, à sua atividade de ordenador. É a ordem, ao contrário, que regula o poder de todos os indivíduos, que

---

[8] Plutarco, *Vida de Lucurgo*, V, 11, e Aristóteles, *Política*, 1265 *b* 35.
[9] Bem entendido, a cidade implica, ao lado dos cidadãos e em contraste com eles, todos aqueles que, em graus diversos, são privados dos valores ligados à plena cidadania: em Esparta, os hipoméionas, os periecos, os hilotas, os escravos. A igualdade se esboça num fundo de desigualdade.

impõe um limite à sua vontade de expansão. A ordem é primeira em relação ao poder. A *arché* pertence na realidade exclusivamente à lei. Todo indivíduo ou toda facção que pretende assegurar-se o monopólio da *arché* ameaça, por esse golpe contra o equilíbrio das outras forças, a *homónoia* do corpo social e põe em risco, com isso, a própria existência da cidade.

Mas se a nova Esparta reconhece assim a supremacia da lei e da ordem, é por ter-se orientado para a guerra; a transformação do Estado ali obedece primeiramente a preocupações militares. É na prática dos combates mais que nas controvérsias da *ágora* que os *hómoioi* se exercitam. Igualmente, a palavra não poderá tornar-se, em Esparta, o instrumento político que será em outros lugares, nem adotará forma de discussão, de argumentação, de refutação. No lugar de *Peithó*, força de persuasão, os lacedemônios celebrarão, como instrumento da lei, o poder de *Phobos*, esse temor que curva todos os cidadãos à obediência. Gabar-se-ão de apreciar nos discursos somente a concisão e de preferir às sutilezas dos debates contraditórios as fórmulas sentenciosas e definitivas. A palavra continua a ser para eles aquelas *rhetrai*, aquelas leis quase oraculares a que eles se submetem sem discussão e que recusam entregar pela escrita a uma plena publicidade. Por mais avançada que possa ter sido, Esparta deixará a outros a honra de exprimir plenamente a nova concepção da ordem quando, sob o reino da lei, a Cidade se tornar um cosmos equilibrado e harmonioso. Não serão os lacedemônios que vão saber destacar e explicitar em todas as suas conseqüências as noções morais e políticas que eles, entre os primeiros, terão encarnado em suas instituições.

―――― CAPÍTULO V ――――

A CRISE DA CIDADE.
OS PRIMEIROS SÁBIOS.

Num diálogo hoje perdido, *Sobre a filosofia*, Aristóteles evocava os grandes cataclismas que periodicamente destroem a humanidade; retraçava as etapas que devem percorrer cada vez os raros sobreviventes e sua descendência para refazer a civilização: os que escaparam assim ao dilúvio de Deucalião tiveram primeiramente que redescobrir os meios elementares de subsistência e, depois, reencontrar as artes que embelezam a vida; num terceiro estádio, prosseguia Aristóteles, "dirigiram seus olhares para a organização da *Polis*, inventaram as leis e todos os vínculos que reúnem as partes de uma cidade; e essa invenção, nomearam-na Sabedoria; é desta sabedoria (anterior à ciência física, a *physiké theoria*, e à Sabedoria suprema que tem por objeto as realidades divinas) que foram providos os Sete Sábios, que precisamente inventaram as virtudes próprias do cidadão".[1]

---

[1] Sobre o *Perí philosophias* de Aristóteles, cf. A. J. Festugière, *La révélation d'Hermès Trismégiste*, II, *Le dieu cosmique*, Paris, 1949, pp. 219 e ss. e App. 1.

AS ORIGENS DO PENSAMENTO GREGO

Sobre esse dado tradicional dos Sete Sábios, seria vão apoiar uma conclusão histórica: a lista dos Sete é flutuante e variável; não observa nem cronologia, nem verossimilhança. Entretanto, o papel político e social atribuído aos Sábios, as máximas que são consideradas de sua autoria, permitem aproximar, uns dos outros, personagens que, quanto ao resto, em tudo se opõem: um Tales, unindo a tantas outras competências a do homem de Estado —, um Sólon, poeta elegíaco, árbitro das lutas políticas atenienses, recusando a tirania —, um Periandro, tirano de Corinto —, um Epimênides, o próprio tipo do mago inspirado, do *theios aner*, que se alimentava de malva e de asfódelo, e cuja alma se liberta do corpo, à vontade. Por meio de uma mistura de dados puramente lendários, de alusões históricas, de sentenças políticas e de chavões morais, a tradição mais ou menos mítica dos Sete Sábios faz-nos atingir e compreender um momento de história social. Momento de crise, que começa no fim do século VII e se desenvolve no VI, período de confusões e de conflitos internos de que distinguimos algumas das condições econômicas; período que os gregos viveram, num plano religioso e moral, como uma discussão de todo seu sistema de valores, um golpe contra a própria ordem do mundo, um estado de erro e de impureza.

As conseqüências dessa crise serão, no domínio do direito e da vida social, as reformas às quais se acham precisamente associados não só adivinhos purificadores como Epimênides, mas também nomótetas como Sólon, aisimnetas como Pítaco, ou tiranos como Periandro. Será também, no domínio intelectual, um esforço para traçar o quadro e para elaborar as noções fundamentais da nova ética grega. Poder-se-ia dizer, esquematizando muito, que o ponto de partida da crise é de ordem econômica, que ela reveste na origem a forma de uma efervescência religiosa ao mesmo tempo que social, mas que, nas condições próprias à cidade, leva definitivamente ao nascimento de uma reflexão moral e política, de caráter laico, que encara de maneira puramente positiva os problemas da ordem e da desordem no mundo humano.

As transformações econômicas — que devemos limitar-nos a mencionar — estão ligadas a um fenômeno cuja importância aparece igualmente decisiva no plano espiritual: a retomada e o desenvolvimento dos contatos com o Oriente, que com a queda do império micênico tinham sido rompidos. Na Grécia continental, as relações encontram-se restabelecidas no século VIII por intermédio dos navegadores fenícios. Nas costas da Jônia, os gregos entram em contato com o interior da Anatólia, especialmente com a Lídia. Mas é no último quartel do século VII que a economia das cidades, na Europa e na Ásia, volta-se decididamente para o exterior; o tráfico por mar vai então amplamente ultrapassar a bacia oriental do Mediterrâneo, entregue a seu papel de via de comunicação. A zona dos intercâmbios estende-se a oeste até a África e à Espanha, a leste até ao Mar Negro.[2] Esse alargamento do horizonte

---

[2] Sobre a expansão dos gregos no Mediterrâneo e a retomada dos contatos com o Oriente, cf. Jean Bérard, *La colonisation grecque de l'Italie Méridionale et de la Sicile dans l'Antiquité*, Paris, 1957; La migration éolienne, *Revue Archéologique*, 1959, pp. 1-28; Thomas J. Dunbabin, *The Greeks and their eastern neighbours. Studies in*

marítimo responde aliás a uma exigência muito imperiosa: o desenvolvimento demográfico dispõe o problema dos cereais de maneira tão mais ampla que a agricultura helênica tende doravante a favorecer as culturas mais lucrativas, como a vinha e a oliveira, cujos produtos podem ser, por sua vez, exportados e trocados. Procura de terra, procura de alimento, procura também do metal, tal é o tríplice objetivo que se pôde atribuir à expansão grega pelo Mediterrâneo. No decurso da época sombria, numa Grécia isolada e desprovida de riquezas de minas, o ouro e a prata tinham-se tornado raros, quando não tinham desaparecido de todo. A partir do século VIII abrem-se fontes novas de abastecimento em metais preciosos; durante todo o século VII, a quantidade de ouro, de prata e de electro posta em circulação no mundo grego aumenta; seu uso desenvolve-se, sob formas diversas: jóias, trabalho de ourivesaria, objetos pessoais, ex-votos, riqueza acumulada a título privado ou entesourada nos templos, enfim moedagem, após sua invenção no fim do século VII pelos reis da Lídia.

Não é fácil apreciar exatamente as mudanças de estrutura social causada por essa orientação de todo um setor da economia grega para o comércio marítimo. Por falta de evidência direta, não se pode inferir sua natureza e amplidão senão a partir de testemunhos literários que concernem às formas novas de sensibilidade e de pensamento. A poesia lírica é a esse respeito uma fonte precio-

---

the relation between Greece and the countries of the Near East in the eight and seventh centuries, Londres, 1957; Carl Roebuck, *Ionan trade and colonization*, Nova York, 1959; Michel B. Sakellariou, *La migration grecque en Ionie*, Atenas, 1958.

A crise da Cidade. Os primeiros sábios.

sa. Mostra que a influência do Oriente não se fixa somente na cerâmica, nos temas figurados, na ornamentação da vida. Seduzida pelo luxo, pelo requinte, pela opulência, a aristocracia grega do século VII inspira-se, em seus gostos, em seus costumes, nesse ideal faustoso e delicado de άβροσύνη que caracteriza o mundo oriental.[3] A ostentação da riqueza torna-se, desde então, um dos elementos do prestígio dos *gene*, um meio, que se une ao valor guerreiro e às qualificações religiosas, para marcar a supremacia, assegurar o domínio sobre os rivais. Exercendo-se no terreno da riqueza, como em outros, a *Eris* aristocrática pôde agir, na sociedade grega, como um fermento de dissociação, de divisão. Personagens novos aparecem no próprio seio da nobreza: o homem bem-nascido, o *kalós kagathós*, que, por espírito de lucro ou por necessidade, entrega-se ao tráfico marítimo; uma parte da aristocracia transforma-se: como o escreve Louis Gernet, passa do estádio do "feudal" ao de *gentleman farmer*.[4] Vê-se surgir um tipo de proprietário de bens de raiz que vela pelo rendimento de suas terras, que torna sua cultura especializada, procura aumentá-las interessando-se por essa "reserva" que fica, ao lado das "tenências de servos" e dos *kleroi* dos pequenos cultivadores livres, aberta às obras de arroteamento; o nobre — que é também agora um rico — estende sua empresa sobre a *eschatié* a expensas das coletividades aldeãs; pode mesmo apropriar-se dos bens de seus obrigados: clientes ou deve-

---

[3] Cf. Santo Mazzarino, *Fra oriente e occidente. Ricerche di storia grecia arcaica*, Florença, 1947.
[4] L. Gernet, "Horoi", *Studi in onore de U. E. Paoli*, p. 348.

dores eventuais. A concentração da propriedade territorial em pouquíssimas mãos, o avassalamento da maior parte do *demos*, reduzido ao estado de "sesmeiro", fazem da questão agrária o problema capital desse período arcaico. Sem dúvida, desenvolveu-se uma população de artesãos que pôde ser relativamente numerosa em certos setores como a cerâmica e a metalurgia (deve-se assinalar a esse respeito um fato técnico de grande alcance: a metalurgia do ferro, no fim do século VIII, substitui a do bronze nos objetos de produção corrente); com os lojistas e todo o populacho que, na costa e no porto, vive do mar, os artesãos formam até na cidade, residência aristocrática, uma categoria social nova cuja importância irá crescendo. Mas, no século VII, a oposição que se aviva entre "urbanos" e "rurais" ergue ainda contra os nobres, que vivem *en asty*, na cidade, onde se encontram agrupados os edifícios públicos associados à *arché*, uma classe aldeã, encarregada de alimentá-los e que povoa as aldeias periféricas, os *demoi*.

As mudanças técnicas e econômicas que evocamos não se limitam ao mundo grego; as cidades fenícias, em pleno desenvolvimento comercial desde o século IX, conheceram análogas transformações.[5] O que é próprio da Grécia é a reação que elas suscitam no grupo humano: sua recusa a uma situação sentida e denunciada como um estado de *anomia*, a refundição de toda a vida social para

---

[5] Sobre as analogias e as diferenças, no plano socioeconômico entre o mundo fenício e o mundo grego, cf. as notas de G. Thomson, *Studies in ancient Greek society*, II, *The first philosophers*, Londres, 1955.

A crise da Cidade. Os primeiros sábios.

organizá-la em conformidade com aspirações comunitárias e igualitárias tão fortes que nessa idade do Ferro — em que os poderosos perderam toda vergonha, em que a *Aidós* teve de deixar a terra pelo céu, deixando o campo livre ao desencadeamento das paixões individuais e à *Hybris*, as relações sociais aparecem marcadas pela violência, pela astúcia, pela arbitrariedade e pela injustiça. O esforço da renovação atua em muitos planos: é ao mesmo tempo religioso, jurídico, político, econômico; sempre visa restringir a *dynamis* dos *gene*, quer fixar um limite à sua ambição, à sua iniciativa, ao seu desejo de poder, submetendo-os a uma regra geral cuja coação se aplique igualmente a todos. Essa norma superior é a *Dike* que o Mago invoca como um poder divino, que o nomóteta promulga em suas leis, e de que pode às vezes inspirar-se o tirano, mesmo se a deturpa, impondo-a pela violência; é ela que deve estabelecer entre os cidadãos um justo equilíbrio a garantir a *eunomia*: a divisão eqüitativa dos cargos, das honras, do poder entre os indivíduos e as facções que compõem o corpo social. A *Dike* assim concilia, harmoniza esses elementos para deles fazer uma só e mesma comunidade, uma cidade unida.

Os primeiros testemunhos do espírito novo têm relação com certas matérias de Direito. A legislação sobre o homicídio marca o momento em que o assassínio deixa de ser uma questão privada, um ajuste de contas entre *gene*; à vingança do sangue, limitada a um círculo estreito, mas obrigatório para os parentes do morto e que pode engendrar um ciclo fatal de assassínios e de vinganças, substitui-se uma repressão organizada no quadro da cidade, controlada pelo grupo e onde a coletividade se encontra comprometida como tal. Não é mais somente para os parentes da vítima, mas para a comunidade inteira que o assassino se torna um objeto de impureza. Essa universalização da condenação do crime, o horror inspirado doravante por toda espécie de assassínio, a obsessão do *miasma* que pode representar para uma cidade, para um território, o sangue derramado, a exigência de uma expiação que é ao mesmo tempo uma purificação do mal — todas essas atitudes estão ligadas ao despertar religioso que se manifesta nos campos pelo progresso do dionisismo e que reveste, em meios mais especializados, a forma de um movimento de seitas como a dos "*Órficos*". Ao lado de um "ensino" sobre o destino das almas, seu castigo no Hades, a hereditariedade da falta, o ciclo das reencarnações e a comunidade de todos os seres animados, essa renovação religiosa caracteriza-se pela instituição de processos purificatórios em relação com as crenças novas. No livro IX das *Leis*, Platão, tratando do homicídio, sentirá ainda a necessidade de referir-se explicitamente à doutrina, ao *logos*, dos "sacerdotes que se ocupam das *teletai*". Na classe desses magos purificadores, a figura de Epimênides destaca-se com um relevo particular. Plutarco define-o como um Sábio em matéria divina, dotado de uma *sophia* "entusiasta e iniciática";[6] é ele que é chamado a Atenas para expulsar o *miasma* que pesa sobre a cidade após o assassínio dos Cilonides. Promotor de ritos catárticos, é também um adivinho

---

[6] Plutarco, *Vida de Sólon*, XII, 7-12.

inspirado cujo saber, diz-nos Aristóteles, descobre o passado, não o futuro: seu dom de dupla visão faz conhecer com efeito as faltas antigas; desvela os crimes ignorados cuja impureza engendra, nos indivíduos e nas cidades, um estado de perturbação e de enfermidade, o delírio frenético da *mania*, com seu cortejo de desordens, de violências e assassínios. Mas esse reformador religioso, fundador de santuários e de ritos, aparece aliás como um conselheiro político que Sólon associa à sua obra legislativa. É que se trata no fundo, nos dois casos, de uma atividade orientada no mesmo sentido e que visa, tanto num plano como no outro, ordenar a vida social, reconciliar e unificar a cidade. Na *Vida de Sólon*, Plutarco, sublinhando o papel de Epimênides na regulamentação do luto que ele torna mais equilibrado e mais pacífico, e nas medidas referentes ao bom comportamento das mulheres, conclui: "Tendo, como ao termo de uma iniciação, santificado e consagrado a cidade por ritos expiatórios, purificações, fundações, tornou-a obediente ao direito e mais dócil (deixando-se mais facilmente persuadir: εὐπειθῆ) no sentido da *homónoia*."

Uma observação de Aristóteles, breve mas sugestiva, permite-nos melhor apreender como, nessa viragem da história da cidade, o religioso, o jurídico e o social podem achar-se associados num mesmo esforço de renovação.[7] Aristóteles quer demonstrar o caráter natural da *Polis*: ela é como uma família ampliada, pois que se forma agrupando aldeias que, por sua vez, reúnem núcleos familiares. Nota que o *oikos*, a família doméstica, é uma comunidade

---

[7] Aristóteles, *Política*, 1252 *b* 15.

natural, uma *koinonia*; e lembra nessa ocasião os nomes pelos quais os membros do *oikos* eram designados por Carondas e por Epimênides. A aproximação é em si mesma interessante. Carondas é o legislador de Catânia; como Zaleuco de Locres, que é considerado seu mestre e ao qual seu nome é normalmente associado, teria feito preceder suas *Leis* de um prelúdio, análogo ao que Platão introduz como Prólogo no capítulo IX consagrado ao direito criminal: trata-se de uma verdadeira encantação, de uma "ἐπῳδή", que deve ser cantada e que se dirige àqueles cujo espírito é obsedado pelo pensamento de atos ímpios e criminosos. Antes de promulgar as penas repressivas, os legisladores querem agir preventivamente sobre os maus por uma magia purificante, uma espécie de γοητεία, que utiliza a virtude calmante da música e da palavra cantada; o criminoso é apresentado como um "possesso", um furioso enlouquecido por um mau *daimon*, encarnação de uma impureza ancestral. Nessa alma perturbada, enferma, a *cátharsis* mágica do legislador faz voltar a ordem e a saúde, do mesmo modo que os ritos purificatórios de Epimênides restabelecem, na cidade conturbada pelas dissensões e pelas violências, causadas por crimes antigos, a calma, a moderação, a *homónoia*.

Mas a observação de Aristóteles vai mais longe. Carondas e Epimênides designam os membros do *oikos* pelos termos ὁμοσίπυοι, ὁμοχάποι, que sublinham entre eles uma "similaridade", ilustrada pelo fato de que partilham o mesmo pão, comem à mesma mesa. É precisamente o estado de espírito que preside, como vimos, à instituição espartana das *sissitias* entre *hómoioi*. Trata-se de dar

A crise da Cidade. Os primeiros sábios.

aos cidadãos o sentimento de que eles são de alguma maneira irmãos. Nada é mais suscetível de fortalecer essa convicção do que a consumição de um alimento cozido na mesma lareira e dividido na mesma mesa: a refeição é uma comunhão que realiza entre convivas uma identidade de ser, uma espécie de consangüinidade. Compreende-se, desde então, que o assassínio de um concidadão possa provocar no corpo social o mesmo horror religioso, o mesmo sentimento de uma impureza sacrílega que se se tivesse tratado de um crime contra um parente de mesmo sangue. Prova de que a consciência social tenha efetivamente influído nesse sentido tem-se na evolução semântica do termo que designa o assassino: αὐθέντης, primeiramente, é o assassino de um parente; depois, o assassino estranho à família da vítima, mas encarado em sua relação com essa família, marcado, pelos parentes da vítima que sentem a seu respeito ódio e repulsa religiosa, com a mesma palavra forte que designa o assassino de um homem de seu próprio sangue; enfim, o assassino de um indivíduo qualquer, sem idéia de uma relação especial com a família da vítima. Quando se passou da vingança privada à repressão judiciária do crime, a palavra que definia o assassino de um parente, depois o assassino em relação aos parentes da vítima, pôde manter-se para designar o criminoso à vista de todos seus concidadãos.[8] Além disso, o que é válido

---

[8] Cf. L. Gernet, *Droit et société dans la Grèce ancienne*, Paris, 1955, pp. 29-50. Ver entretanto, contra: P. Chantraine, Encore "Αὐθέντης", *Hommage à* Μανόλη Τριανταφυλλίδη, Atenas, 1960, pp. 89-93.

para os crimes de sangue o é também para os outros delitos. Aristóteles e Plutarco contam, entre as inovações mais felizes da constituição de Sólon, o princípio segundo o qual o dano causado a um indivíduo particular é na realidade um atentado contra todos; portanto, Sólon dá a cada um o direito de intervir em justiça em favor de quem quer que seja lesado e de fazer punir a *adikia*, sem ser pessoalmente sua vítima.

Os diversos traços que os gregos agruparam para compor a figura de um Epimênides não formam um testemunho isolado. Um personagem como Abaris — que se inscreve com outros magos: Aristeas, Hermótimo, na tradição lendária do Pitagorismo — não é somente um xamã que voa pelos ares com sua flecha de ouro, vive sem alimento e manda sua alma vaguear longe de seu corpo; é, ao mesmo tempo que um cresmólogo, um reformador religioso e um purificador; funda, no quadro da religião pública, ritos novos: em Atenas, os Προηρόσια; abre santuários protetores da comunidade: em Esparta, o de *Core* salvadora; institui processos catárticos que permitem às cidades impedir o desencadeamento de um *loimós*. Um personagem histórico como Onomácrito, que se liga a Museu cujos oráculos compila e, se for preciso, falsifica, desempenha junto aos Psistrátidas um papel de adivinho que coleciona, para uso de seus amos, compilações de oráculos secretos adaptados às circunstâncias; mas é também um conselheiro político e até um embaixador; Aristóteles indica-nos que alguns o associavam a Licurgo, a Carondas e a Zaleuco para dele fazer um dos primeiros peritos em matéria de legislação.

— A crise da Cidade. Os primeiros sábios. —

Não se poderia, pois, conceber o começo do direito fora de um certo clima religioso: o movimento místico corresponde a uma consciência comunitária mais exigente; traduz uma sensibilidade nova do grupo a respeito do assassínio, sua angústia diante das violências e os ódios que a vingança privada engendra, o sentimento de estar coletivamente comprometido, coletivamente ameaçado cada vez que corre o sangue, a vontade de regulamentar as relações dos *gene* e de quebrar seu particularismo. Entretanto, essa efervescência mística não se prolongará senão em meios sectários muito estreitamente circunscritos. Não dá origem a um vasto movimento de renovação religiosa que absorveria finalmente a política. É o inverso que se produz. As aspirações comunitárias e unitárias vão inserir-se mais diretamente na realidade social, orientar um esforço de legislação e de reforma; mas, remodelando assim a vida pública, elas próprias vão transformar-se, laicizar-se; encarnando-se na instituição judiciária e na organização política, vão prestar-se a um trabalho de elaboração conceptual, transpor-se ao plano de um pensamento positivo.

Louis Gernet bem mostrou em particular a mutação intelectual que o advento do direito propriamente dito realiza.[9]

No processo arcaico os *gene* enfrentavam-se, tendo por armas as fórmulas rituais e as provas previstas pelo costume: o juramento, o juramento solidário, o testemunho. Essas provas tinham valor decisório; possuíam um poder religioso; asseguravam automaticamente o êxito no

---
[9] *Ib.*, pp. 61-81.

curso do processo, se eram corretamente utilizadas, sem que o juiz, em seu papel de puro árbitro que se limitava a verificar e a declarar a vitória ao termo da prova de força, tivesse que se indagar sobre o fundo, reconstituir o objeto do litígio, conhecer fatos em si mesmos. Mas quando, com a cidade, o juiz representa o corpo cívico, a comunidade em seu conjunto, e que, encarnando este ser impessoal superior às partes, ele próprio pode decidir, resolver segundo sua consciência e de acordo com a lei, são as próprias noções de prova, de testemunho e de julgamento que se encontram radicalmente transformadas. O juiz deve com efeito trazer à luz uma verdade em função da qual terá doravante de pronunciar-se. Pede às testemunhas que não mais jurem, afirmando-se solidários de uma das duas partes, mas que façam um relato dos fatos. Por essa concepção inteiramente nova da prova e do testemunho, o processo empregará toda uma técnica de demonstração, de reconstrução do plausível e do provável, de dedução a partir de indícios ou de sinais — e a atividade judiciária contribuirá para elaborar a noção de uma verdade objetiva, que o processo antigo ignorava, no quadro do "pré-jurídico".

―――― CAPÍTULO VI ――――

A ORGANIZAÇÃO DO COSMOS HUMANO[1]

A efervescência religiosa não contribuiu somente para o nascimento do Direito. Preparou também um esforço de reflexão moral, orientado por especulações políticas. O temor da impureza, a cujo papel na origem da legislação sobre o homicídio nos referimos, encontrava sua mais intensa expressão na aspiração mística a uma vida pura de todo contato sangrento. Da mesma maneira, ao ideal de austeridade que se afirma no grupo em reação contra o desenvolvimento do comércio, a ostentação do luxo, a brutal insolência dos ricos, corresponde, sob uma forma extrema, o ascetismo preconizado em certos agrupamentos religiosos. Os meios sectários puderam assim contribuir para fazer uma imagem nova da *areté*. A virtude aristocrática era uma qualidade natural ligada ao brilho do

―――

[1] Utilizamos amplamente, neste capítulo, as indicações dadas por L. Gernet num curso não publicado, dado na Ecole Pratique des Hautes Etudes, em 1951, sobre as origens do pensamento político entre os gregos.

nascimento, manifestando-se pelo valor no combate e pela opulência do gênero de vida. Nos agrupamentos religiosos, não somente a *areté* se despojou de seu aspecto guerreiro tradicional, mas definiu-se por sua oposição a tudo que representasse como comportamento e forma de sensibilidade o ideal de *habrosyne*: a virtude é o fruto de uma longa e penosa *áskesis*, de uma disciplina dura e severa, a *meleté*; emprega uma *epiméléia*, um controle vigilante sobre si, uma atenção sem descanso para escapar às tentações do prazer, à *hedoné*, ao atrativo da moleza e da sensualidade, a *malachia* e a *tryphé*, para preferir uma vida inteira votada ao *ponos*, ao esforço penoso.

As mesmas tendências rigoristas que percebemos de certa maneira avultadas nos meios sectários, onde definem uma disciplina de ascese que permite aos iniciados escapar às injustiças deste mundo, sair do ciclo das reencarnações e voltar ao divino, voltamos a encontrá-las em ação em plena vida social, modificando as condutas, os valores, as instituições, fora essa vez de toda preocupação de ordem escatológica. O fausto, a moleza, o prazer são rejeitados; o luxo proscrito do costume, da habitação, das refeições; a riqueza é denunciada e com que violência! Mas a condenação visa a suas conseqüências sociais, aos males que ela engendra no grupo, às divisões e aos ódios que suscita na cidade, ao estado de *stasis* que provoca como por uma espécie de lei natural. A riqueza substitui todos os valores aristocráticos: casamento, honras, privilégios, reputação, poder, tudo pode obter. Doravante, é o dinheiro que conta, o dinheiro que faz o homem. Ora, contrariamente a todos os outros "poderes", a riqueza não comporta nenhum limite: nada há nela que possa marcar seu termo, limitá-la, realizá-la totalmente. A essência da riqueza é o descomedimento; ela é a própria figura que a *hybris* toma no mundo. Tal é o tema que volta, de maneira obsedante, no pensamento moral do século VI. Às fórmulas de Sólon passadas a provérbios: "Não há termo para a riqueza. *Koros*, a saciedade, engendra *hybris*", fazem eco as palavras de Teógnis: "Os que hoje têm mais ambicionam o dobro. A riqueza, *ta chrémata*, torna-se no homem loucura, *aphrosyne*. "Quem possui quer mais ainda. A riqueza acaba por já não ter outro objeto senão a si própria; feita para satisfazer as necessidades da vida, simples meio de subsistência, torna-se seu próprio fim, coloca-se como necessidade universal, insaciável, ilimitada, que nada poderá jamais saciar. Na raiz da riqueza descobre-se, pois, uma natureza viciada, uma vontade pervertida e má, uma *pleonexia*: desejo de ter mais que os outros, mais que sua parte, toda a parte. *Ploutos* comporta efetivamente aos olhos do grego uma fatalidade, mas não de ordem econômica; é a necessidade imanente a um caráter, a um *ethos*, a lógica de um tipo de comportamento. *Koros, hybris, pleonexia* são as formas de contra-senso de que se reveste, na Idade do Ferro, a arrogância aristocrática, este espírito de *Eris* que, em lugar de uma nobre emulação, não pode mais gerar senão injustiça, opressão, *dysnomia*.

Em contraste com a *hybris* do rico, delineia-se o ideal da *sophrosyne*. É feito de temperança, de proporção, de justa medida, de justo meio. "Nada em excesso", tal é a fórmula da nova sabedoria. Essa valorização do ponderado, do que é mediador, dá *à areté* grega um aspecto mais ou menos "burguês": é a classe média que poderá desempenhar na cidade o papel moderador, estabelecendo um equilíbrio entre os extremos dos dois bordos: a minoria dos ricos que querem tudo conservar, a multidão das pessoas pobres que querem tudo obter. Aqueles que são chamados οἱ μέσοι não são apenas os membros de uma categoria social particular, a igual distância da indigência e da opulência: representam um tipo de homem, encarnam os valores cívicos novos, como os ricos, a loucura da *hybris*. Em posição mediana no grupo, os *mesoi* têm por papel estabelecer uma proporção, um traço de união entre os dois partidos que dilaceram a cidade, porque cada um reivindica para si a totalidade da *arché*. Sendo ele próprio homem do "centro", Sólon põe-se como árbitro, como mediador, como reconciliador. Fará da *Polis*, presa da *dysnomia*, um *cosmos* harmonioso, se conseguir proporcionar a seus méritos respectivos a parte que cabe na *arché* aos diversos elementos que compõem a cidade. Mas essa distribuição equilibrada; essa *eunomia*, impõe um limite à ambição daqueles que o espírito de descomedimento anima; traça diante deles uma fronteira que não têm o direito de transpor. Sólon ergue-se, no centro do Estado, como um marco inabalável, um *horos* a fixar entre duas facções adversas o limite a não ser franqueado. À *sophrosyne*, virtude do justo meio, corresponde a imagem de uma ordem política que impõe um equilíbrio a forças contrárias, que estabelece um acordo entre elementos rivais. Mas, como no processo, sob sua forma nova, a arbitragem supõe um juiz que, para aplicar sua decisão, ou para impô-la se necessário, refere-se a uma lei superior às partes, uma *dike* que deve ser para todos igual e a mesma. "Redigi, dirá Sólon, leis iguais para o *kakós* e para o *agathós*, fixando para cada um uma justiça direita." É para preservar o reino dessa lei comum a todos que Sólon recusa a tirania, já a seu alcance. Como tomar em suas mãos, as mãos de um só homem, essa *arché* que deve permanecer *en meso*? O que Sólon realizou, fê-lo em nome da comunidade, pela força da lei, χράτει νόμου, unindo ao mesmo tempo a violência e a justiça βίαν χαι δίχην, *Kratos* e *Bia*, os dois velhos acólitos de Zeus, que não deviam afastar-se um instante de seu trono porque personificavam o que o poder do Soberano comporta ao mesmo tempo de absoluto, de irresistível e de irracional, passaram ao serviço da Lei; ei-los servidores de *Nomos* que domina doravante, no lugar do rei, no centro da cidade. Esse *Nomos* guarda, por sua relação com a *Dike*, uma espécie de ressonância religiosa; mas exprime-se também e sobretudo num esforço positivo de legislação, numa tentativa racional para pôr fim a um conflito, equilibrar forças sociais antagônicas, ajustar atitudes humanas opostas. O testemunho desse "racionalismo" político será encontrado no fragmento 4 de Sólon.[2] Como estamos longe da imagem hesiódica do Bom Rei cuja virtude religiosa é a única que pode aplacar as querelas, fazer florir com a paz todas as bênçãos da terra! A justiça aparece como uma ordem inteiramente natural que por si mesma se regulamenta. É a maldade dos homens, seu espírito de *hybris*, sua sede insaciável de riqueza que

---

[2] Cf. G. Vlastos, Solonian Justice, *Classical Philology*, *41*, 1946, pp. 65-83.

produzem naturalmente a desordem, segundo um processo de que se pode marcar de antemão cada fase: a injustiça engendra a escravidão do povo e esta provoca em troca a sedição. A justa medida, para restabelecer a ordem e a *besychie*, deve, pois, ao mesmo tempo quebrar a arrogância dos ricos, fazer cessar a escravidão do *demos*, sem ceder por isso à subversão. Tal é o ensinamento que Sólon expõe aos olhos de todos os cidadãos. A lição poderá ser momentaneamente desconhecida ou rejeitada; o Sábio confia no tempo: tendo-se tornado pública a verdade, ou, como ele próprio o diz, sendo colocada *es to meson*, dia virá em que os atenienses a reconhecerão.

Com Sólon, *Dike* e *Sophrosyne*, tendo descido do céu à Terra, instalam-se na ágora. Quer dizer que elas doravante vão ter que "prestar contas." Os gregos continuarão certamente a invocá-las; mas não deixarão também de submetê-las à discussão.

Por meio dessa laicização tão acentuada do pensamento moral, a imagem de uma virtude como a *sophrosyne* pôde renovar-se, precisar-se. Em Homero, a *sophrosyne* tem um valor muito geral; é o bom senso: os deuses restituem-no a quem o perdeu, como podem fazer que o percam os espíritos mais prudentes.[3] Mas antes de ser reinterpretada pelos Sábios num contexto político, a noção parece ter sido já elaborada em certos meios religiosos. Designa neles a volta, após um período de confusão e de possessão, a um estado de calma, de equilíbrio, de con-

---

[3] *Odiss.*, XXIII, 13.

trole. Os meios empregados são do tipo dos que já assinalamos: música, cantos, danças, ritos purificatórios. Puderam ser às vezes mais diretos e utilizados como um efeito de choque. Pausânias viu no santuário de Hércules, em Tebas, uma pedra que, pensava-se, Atena tinha lançado na cabeça do herói furioso quando, alucinado pela *mania* e tendo massacrado seus filhos, preparava-se para matar Anfitrião.[4] Essa pedra, que o tinha adormecido e acalmado, chamava-se *sophronister*. A cura de Orestes tinha-se operado em condições um pouco diferentes. Em pleno delírio, após o assassínio de sua mãe, o infeliz chega a um lugar chamado as Fúrias, *Maníai*. Detém-se ali, mutila um dedo seu (na época de Pausânias o dedo era ainda representado por uma pedra depositada sobre uma elevação de terra que se chamava *mnema Dactylou*, o túmulo do Dedo). É nesse lugar, batizado Remédio, *Aké*, que ele reencontra a *sophrosyne*. Pausânias acrescenta o seguinte detalhe: as Fúrias que possuíam Orestes, por todo o tempo em que o tornavam *ekphron*, demente, apareciam-lhe negras; mostraram-se brancas logo que, tendo cortado o dedo, ele se tornou *sophron*, são de espírito.[5] Esse mesmo jogo de contrastes entre impureza-purificação, possessão-cura, loucura-saúde, nota-se até no cenário em que opera o adivinho Melampous quando acalma, por ritos secretos e por *katharmói*, o delírio das filhas de Proito enterradas numa caverna: de um lado, correm as águas do *Styx*, rio de impureza, levando a toda criatura viva a doença e a morte;

---

[4] Pausânias, IX, 11, 2.
[5] Id., VIII, 34, 1 e ss.

do outro, a fonte *Alyssos* cujas águas benfazejas curam os raivosos e todos os que o delírio da *Lyssa* possui.[6] Mas, definindo-se assim por oposição a uma loucura que é ao mesmo tempo uma impureza, a ponderação da *sophrosyne* ia tomar, no clima religioso das seitas, uma coloração ascética. Virtude de inibição, de abstinência, consiste em afastar-se do mal, em evitar toda impureza: não somente recusar as solicitações criminosas que um mau demônio pode suscitar em nós, mas manter-se puro do comércio sexual, refrear os impulsos do *eros* e de todos os apetites ligados à carne, fazer a aprendizagem, por meio das provas previstas pelo "caminho de vida" de iniciação, de sua capacidade de dominar-se, de vencer-se a si próprio. O domínio de si de que é feita a *sophrosyne* parece implicar, senão um dualismo, pelo menos uma certa tensão no homem entre dois elementos opostos: o que é da ordem do *thymós*, a afetividade, as emoções, as paixões (temas favoritos da poesia lírica), e o que é da ordem de uma prudência refletida, de um cálculo raciocinado (celebrados pelos Gnômicos). Essas forças da alma não estão no mesmo plano. O *thymós* é feito para obedecer, para submeter-se. A cura da loucura, como também sua prevenção, emprega os meios que permitem "persuadir" o *thymós*, torná-lo disciplinado, dócil ao comando, para que não seja tentado jamais a entrar em rebelião, a reivindicar uma supremacia que entregaria a alma à desordem. Essas técnicas formam uma *paideia* que não tem valor somente no nível dos indivíduos. Realiza neles a saúde, o equilíbrio; torna suas

---

[6] Id., VIII, 17, 6 e ss., e 19, 2-3.

almas "continentes", mantendo em sujeição a parte que é feita para obedecer, mas ao mesmo tempo adquire uma virtude social, uma função política: os males de que sofre a coletividade são precisamente a incontinência dos ricos, o espírito de subversão dos "maus". Fazendo desaparecer um e outro, a *sophrosyne* realiza uma cidade harmoniosa e concorde, onde os ricos, longe de desejar sempre mais, dão aos pobres o que lhes sobra e onde a massa, longe de entrar em revolta, aceita submeter-se àqueles que, sendo melhores, têm direito a possuir mais. Essas preocupações de ordem política não foram talvez estranhas ao espírito de certas seitas: no santuário de Demeter em Pérgamo, onde o culto, celebrado por uma confraria religiosa, comportava o canto de hinos órficos (como deviam fazê-lo em Atenas os Licômides), encontra-se, ao lado dos Olímpicos e das divindades de Elêusis, uma série de deuses órficos que personificavam idéias abstratas; entre eles, dois pares: *Areté* e *Sophrosyne, Pistis* e *Homónoia.*[7]

Esse agrupamento merece ser destacado. Em Teógnis, *Pistis* é igualmente associada à *Sophrosyne.*[8] Trata-se de uma noção social e política, tal como a *homónoia*, de que constitui o aspecto subjetivo: a confiança que os cidadãos sentem entre si é a expressão interna, a contrapartida psicológica da concórdia social. Na alma como na cidade, é pela força dessa *Pistis* que os elementos inferiores se dei-

---

[7] Cf. W. K. C. Guthrie, *Orphée et la religion grecque. Étude sur la pensée orphique*, Paris, 1956, pp. 228 e ss; H. Usener, *Götternamen. Versuch einer Lehre von der Keligiösen Begriffsbildung*, Bonn, 1896, p. 368.
[8] Teógnis, 1137-38.

xam persuadir a obedecer àqueles que têm o encargo de comandar e aceitam submeter-se a uma ordem que os mantém em sua função subalterna.

No conjunto, entretanto, é fora das seitas que a *sophrosyne* adquire uma significação moral e política precisa. Uma separação opera-se muito cedo entre duas correntes de pensamento, de orientação bem diferente; uma preocupa-se com a salvação individual; a outra interessa-se pela salvação da cidade; de um lado, agrupamentos religiosos, à margem da comunidade, voltados para si mesmos em sua procura da pureza; do outro, meios diretamente comprometidos na vida pública, expostos aos problemas causados pela divisão do Estado e que utilizam noções tradicionais como a de *sophrosyne* para conferir-lhes, com um conteúdo político novo, uma forma não mais religiosa, mas positiva.

Já numa instituição como a *agogé* espartana, a *sophrosyne* aparece com um caráter essencialmente social. É um comportamento imposto, regulamentado, marcado pelo "comedimento" que o jovem deve observar em todas circunstâncias: comedimento em seu andar, em seu olhar, em suas expressões, comedimento diante das mulheres, em face dos mais velhos, na ágora, comedimento com respeito aos prazeres, à bebida. Xenofonte evoca essa reserva impregnada de gravidade quando compara o jovem *couros* lacedemônio, que anda em silêncio e de olhos baixos, a uma estátua de virgem. A dignidade do comportamento tem uma significação institucional; exterioriza uma atitude moral, uma forma psicológica, que se impõem como obrigações: o futuro cidadão deve ser exercitado em dominar suas paixões, suas emoções e seus instintos (a *agogé* lacedemônia é precisamente destinada a experimentar esse poder de domínio de si). A *sophrosyne* submete assim cada indivíduo, em suas relações com outrem, a um modelo comum conforme a imagem que a cidade se faz do "homem político". Por seu comedimento, o comportamento do cidadão afasta-se tanto da negligência, das trivialidades grotescas próprias do vulgo quanto da condescendência, da arrogância altiva dos aristocratas. O novo estilo das relações humanas obedece às mesmas normas de controle, de equilíbrio, de moderação que traduzem as sentenças como "conhece-te a ti mesmo", "nada em excesso", "a justa medida é o melhor". O papel dos Sábios é ter, em suas máximas ou em seus poemas, destacado e expressado verbalmente os valores que ficavam mais ou menos implícitos nas condutas e na vida social do cidadão. Mas seu esforço de reflexão não resultou somente numa formulação conceptual; situou o problema moral em seu contexto político, uniu-o ao desenvolvimento da vida pública. Envolvidos nas lutas civis, preocupados em pôr-lhes um termo por sua obra de legisladores, é em função de uma situação social de fato, no quadro de uma história marcada por um conflito de forças, um choque de grupos, que os Sábios elaboraram sua ética e definiram de maneira positiva as condições que permitem instaurar a ordem no mundo da cidade.

    Para compreender que realidades sociais recobrem o ideal da *sophrosyne*, como se inserem no concreto as noções de *métrion*, de *pistis*, de *homónoia*, de *eunomia*, é necessário referir-se a reformas constitucionais como as de Sólon. Estas criam um espaço para a igualdade, a *isotes*, que já aparece como um dos fundamentos da nova concepção da ordem. Sem *isotes*, não há cidade porque não há *philia*. "O igual", escreve Sólon, "não pode engendrar guerra." Mas trata-se de uma igualdade hierárquica ou, como o dirão os gregos, geométrica e não aritmética; a noção essencial é de fato a de "proporção". A cidade forma um conjunto organizado, um *cosmos*, que se torna harmonioso se cada um de seus componentes está em seu lugar e possui a porção de poder que lhe cabe em função de sua própria virtude. "Ao *demos*, dirá Sólon, dei tanto *kratos* (ou *geras*) quanto era suficiente, sem nada suprimir nem acrescentar à sua *timé*." Não há, pois, nem direito igual a todas as magistraturas, pois que as mais altas estão reservadas aos melhores, nem direito igual à propriedade territorial: Sólon recusou-se a uma partilha das terras que teria "dado aos *kakói* e aos *esthlói* uma parte igual da fértil terra da pátria". Onde se encontra então a igualdade? Ela reside no fato de que a lei, que agora foi fixada, é a mesma para todos os cidadãos e que todos podem fazer parte dos tribunais como da assembléia. Antes eram o "orgulho", a "violência de ânimo" dos ricos que regulavam as relações sociais. Portanto, Sólon era o primeiro que se recusava a obedecer, a deixar-se "persuadir". Agora é a *dike* que fixa a ordem de divisão das *timaí*, são leis escritas que substituem a prova de força em que sempre os fortes triunfavam e que impõem sua norma de eqüidade, sua exigência de equilíbrio. A *homónoia*, a concórdia, é uma "harmonia" obtida por proporções tão exatas que Sólon lhes dá uma forma quase numérica: as quatro classes nas quais são divididos os cidadãos e que correspondem a uma gradação honorífica são baseadas em medidas de produtos agrícolas: quinhentas medidas para a mais alta classe, trezentas para os *hippeis*, duzentas para os *zeugitas*. O acordo das diversas partes da cidade tornou-se possível graças à ação dos mediadores — as classes intermediárias —, que não queriam ver nenhum dos extremos apoderar-se da *arché*. O nomóteta e a lei que ele promulga são em si a expressão dessa vontade mediana, dessa "média proporcional" que dará à cidade seu ponto de equilíbrio.

O desenvolvimento do pensamento moral e da reflexão política prosseguirá nessa linha: às relações de força tentar-se-á substituir relações de tipo "racional", estabelecendo em todos os domínios uma regulamentação baseada na medida e visando proporcionar, "igualar" os diversos tipos de intercâmbio que formam o tecido da vida social.

Uma observação atribuída a Sólon esclarece a significação dessa mudança, operada, como o nota Plutarco, pela razão e pela regra: ὑπὸ λόγου χαὶ νόμου μεταβολή.[9] Anárcasis zombava do sábio ateniense que imaginava, por leis escritas, reprimir a *adikia* e a *pleonexia* de seus concidadãos: semelhantes a teias de aranha, as leis deteriam os fracos e os pequenos; os ricos e os poderosos as despedaçariam. A isso Sólon opunha o exemplo das convenções que os homens observam, porque nenhuma das duas partes contratantes tem interesse em violá-las.[10] Trata-se, pois, de promulgar para a cidade regras que codificam as relações entre indivíduos, segundo os mesmos princípios

---

[9] Plutarco, *Vida de Sólon*, 14, 5.
[10] *Ibid.*, 5, 4-5.

positivos de vantagem recíproca que presidem ao estabelecimento de um contrato.

Como E. Will o indicou,[11] é no quadro desse esforço geral de codificação e de medida que se deve situar a instituição da moeda em seu sentido próprio, isto é, da moeda de Estado, emitida e garantida pela Cidade. O fenômeno terá as conseqüências econômicas que se conhecem: nesse plano representará na sociedade grega uma espécie de fator de profunda transformação, orientando-a no sentido do mercantilismo. Mas no início, por sua significação social, moral e intelectual, a instituição da moeda integra-se no empreendimento de conjunto dos "legisladores". Marca a confiscação em proveito da comunidade do privilégio aristocrático da emissão de lingotes puncionados, a retenção pelo Estado das fontes de metal precioso, a substituição dos brasões nobiliários pela cunhagem da Cidade; é ao mesmo tempo o meio de codificar, regrar, ordenar os intercâmbios de bens e de serviços entre cidadãos, por intermédio de uma avaliação numérica precisa; talvez seja também, como E. Will o sugere, uma tentativa de igualar de uma certa maneira as fortunas por distribuição de numerário ou modificação da taxa do valor, sem recorrer a uma confiscação ilegítima. No plano intelectual, a moeda titulada substitui a imagem antiga, toda carregada de força

---

[11] E. Will, *Korinthiaka. Recherches sur l'histoire et la civilisation de Corinthe des origines aux guerres médiques*, Paris, 1955, pp. 495-502; De l'aspect éthique de l'origine grecque de la monnaie, *Revue historique*, 212, 1954, pp. 209 e ss.; Reflexions et hypothèses sur les origines du monnayage, *Revue numismatique*, 17, 1955, pp. 5-23.

afetiva e de implicações religiosas, de uma riqueza feita de *hybris*, pela noção abstrata do *nómisma*, padrão social de valor, artifício racional que permite estabelecer entre realidades diferentes uma medida comum e igualar assim o intercâmbio como relação social.

É efetivamente notável que as duas grandes correntes que se opõem no mundo grego, uma de inspiração aristocrática e outra de espírito democrático, coloquem-se em sua polêmica no mesmo terreno e reclamem igualmente a eqüidade, a *isotes*. A corrente aristocrática encara, na perspectiva da *eunomia* de Sólon, a cidade como um *cosmos* feito de partes diversas, mantidas pela lei numa ordem hierárquica. A *homónoia*, análoga a um acorde harmônico, repousa sobre uma relação do tipo musical: 2/1, 3/2, 4/3. A medida justa deve conciliar forças naturalmente desiguais, assegurando uma preponderância sem excesso de uma sobre a outra. A harmonia da *eunomia* implica, pois, o reconhecimento, no corpo social como no indivíduo, de um certo dualismo, de uma polaridade entre o bem e o mal, a necessidade de assegurar a preponderância do melhor sobre o pior. É essa orientação que triunfa no pitagorismo;[12] é ela ainda que preside à teoria da *sophrosyne* tal como Platão a exporá na *República*.[13] Não é uma virtude especial de uma das partes do Estado, mas a harmonia do conjunto, que faz da cidade um *cosmos* que a torna "senhora de si", no sentido em que se diz que um

---

[12] Cf. A. Delatte, *Essai sur la politique pythagoricienne*, Liège et Paris, 1922.
[13] Platão, *República*, IV, 430 d e ss.

indivíduo é senhor de seus prazeres e de seus desejos. Comparando-a a um canto em uníssono, Platão a define: "um acorde segundo a natureza entre as vozes do menos bom e do melhor, sobre a questão de saber a quem deve caber o comando, no Estado e no indivíduo." Um texto de Arquitas, o homem de Estado pitagórico, faz-nos deixar as alturas filosóficas da *República* para estreitar de mais perto o concreto social. Mostra-nos o que a prática dos intercâmbios comerciais e sua necessária regulamentação por via de contrato puderam trazer à noção de uma medida das relações sociais, avaliando exatamente, em conformidade com os princípios da igualdade proporcional, as relações entre atividades, funções, serviços, vantagens e honras das diversas categorias sociais. "Uma vez descoberto o cálculo raciocinado (*logismós*), escreve Arquitas, põe fim ao estado de *stasis* e traz a *homónoia*; pois, em conseqüência disso, não há mais *pleonexia* e a *isotes* se realiza; e é por ela que se efetua o comércio em matéria de intercâmbio contratual; graças a isso, os pobres recebem dos poderosos, e os ricos dão aos necessitados, pois têm uns e outros a *pistis* de que terão por esse meio a *isotes*, a igualdade."

Percebe-se bem aqui como a relação social assimilada a um vínculo contratual e não mais a um estatuto de domínio e de submissão, vai exprimir-se em termos de reciprocidade, de reversibilidade. Segundo o testemunho de Aristóteles sobre a situação em Tarento, a intenção de Arquitas teria sido, na prática, manter a apropriação individual dos bens nas mãos dos "melhores", na condição de que concedessem que deles desfrutasse a massa dos pobres, de maneira que encontrasse cada um sua conveniência, na situação assim regulamentada. Para os partidários da *eunomia*, a eqüidade é introduzida nas relações sociais graças a uma conversão moral, a uma transformação psicológica da elite: em vez de procurarem poder e riquezas, os "melhores" são formados por uma *paideia* filosófica para não desejar ter mais (*pleonectein*), mas ao contrário, por espírito de generosa liberalidade, para dar aos pobres que, de seu lado, se encontram na impossibilidade material de *pleonectein*.[14] Assim as classes baixas são mantidas na posição inferior que lhes convém, sem sofrer entretanto nenhuma injustiça. A igualdade realizada permanece proporcional ao mérito.

A corrente democrática vai mais longe; define todos os cidadãos, como tais, sem consideração de fortuna nem de virtude, como "iguais" que têm os mesmos direitos de participar de todos os aspectos da vida pública. Tal é o ideal de *isonomia*, que encara a igualdade sob a forma da relação mais simples: 1/1. A única "justa medida" suscetível de harmonizar as relações entre os cidadãos é a igualdade plena e total. Não se trata mais então, como precedentemente, de encontrar a escala que faça os poderes proporcionais ao mérito e que realize entre elementos diferentes, dissonantes mesmo, um acorde harmônico, mas de igualar estritamente entre todos a participação na *arché*, o acesso às magistraturas, fazer desaparecer todas as diferenças que opõem entre si as diversas partes da cidade, unificá-las por mistura e fusão, para que nada as distinga

---

[14] Aristóteles, *Política*, II, 1267*b*.

mais, no plano político, umas das outras. É esse objetivo que realizam as reformas de Clístenes; constituem uma organização política de conjunto que por sua coerência, pela clareza de seus traços, por seu espírito plenamente positivo, apresenta-se como a solução de um problema: que lei deve ordenar a Cidade para que ela seja uma na multiplicidade de seus concidadãos, para que eles sejam iguais em sua necessária diversidade?

No decurso do período anterior a Clístenes, que vai do arcontado de Sólon à tirania, depois à queda dos Pisistrátidas, a história ateniense tinha sido dominada pelo conflito de três "facções", revoltadas umas contra as outras em sua luta pelo poder. Que representam essas facções? Traduzem um conjunto complexo de realidades sociais que nossas categorias políticas e econômicas não encobrem exatamente. Assinalam primeiramente solidariedades tribais e territoriais. Cada partido tira seu nome de uma das três regiões em que a terra da Ática aparece dividida: os *pediakoí* são os homens da planície, do *pedíon*, isto é, na realidade os habitantes da cidade, com as ricas terras que cercam a aglomeração urbana; os *parálios* povoam o litoral marítimo; os *diácrios* são os homens da montanha, os do interior do país, isto é, dos demos periféricos mais afastados do centro urbano. A essas divisões territoriais correspondem diferenças de gênero de vida, de estatuto social, de orientação política: os *pediakoí* são aristocratas que defendem seus privilégios de *eupátridas* e seus interesses de proprietários de bens de raiz; os *parálios* formam a nova camada social dos *mesoi*, que procuram evitar o triunfo dos extremos; os *diácrios* constituem o partido popular; agrupam uma população de pequenos aldeões, de tetas, de lenhadores, de carvoeiros, muitos dos quais não têm lugar na organização tribal e que não estão ainda integrados no quadro da cidade aristocrática. Enfim, essas três facções aparecem como grupos de clientela ao serviço de grandes famílias aristocráticas cuja rivalidade domina o jogo político.

Entre essas facções que formam no Estado por assim dizer tantas "partes" separadas e opostas, luta aberta e compromissos sucedem-se até o momento em que Clístenes funda a *Polis* sobre uma base nova.[15] A antiga organização tribal é abolida. Em lugar das quatro tribos jônicas da África que delimitavam o corpo social, Clístenes cria um sistema de dez tribos, das quais cada uma agrupa, como antes, três trítias, mas entre as quais se acham divididos todos os demos da Ática. A cidade situa-se assim num outro plano distinto do das relações de *gene* e dos vínculos de consangüinidade: tribos e demos são estabelecidos numa base puramente geográfica; reúnem habitantes de um mesmo território, não parentes de mesmo sangue como os *gene* e as *frátrias*, que subsistem sob sua forma antiga, mas que agora ficam fora da organização propriamente

---

[15] Uma das soluções de compromisso parece ter consistido na atribuição sucessiva do arcontado a cada um dos chefes dos três clãs rivais; cf. sobre essa questão Benjamin D. Meritt, Greek inscription — An early archon list, *Hesperia, 8*, 1939, pp. 59-65; H. T. Wade Gery, Miltiades, *Journal of hellenic Studies*, 71, 1951, pp. 212-221. Compare-se essa tentativa de divisão equilibrada do poder entre "facções" opostas com a que nos é relatada por Aristóteles para um período anterior: nomeação de dez arcontes, compreendendo *cinco eupátridas*, três *agroikói*, dois *demiurgói*. (*Constituição de Atenas*, 13, 2).

política. Além disso, cada uma das dez tribos novamente formadas realiza o amálgama das três partes" diferentes entre as quais a cidade estava antes dividida. Com efeito, das três trítias que uma tribo compreende, a primeira deve necessariamente pertencer à região costeira, a segunda ao interior do país, a terceira à região urbana e a seu território circundante. Cada tribo realiza assim a "mistura" das populações, dos territórios, dos tipos de atividade de que é constituída a cidade. Como o assinala Aristóteles, se Clístenes tivesse instituído doze tribos em lugar das dez que criou, teria então classificado os cidadãos nas trítias que já existiam (havia com efeito, para as quatro tribos antigas, doze trítias). E assim não teria conseguido unificar por mistura a massa dos cidadãos: ἀναμίσγεσθαι τὸ πλῆθος[16].

A organização administrativa responde, pois, a uma vontade deliberada de fusão, de unificação do corpo social. Além disso, uma divisão artificial do tempo civil permite a igualação completa da *arché*, entre todos os grupos semelhantes assim criados. O calendário lunar continua a regulamentar a vida religiosa. Mas o ano administrativo é dividido em dez períodos de 36 ou 37 dias, correspondendo a cada uma das dez tribos. O Conselho dos Quatrocentos é elevado a quinhentos membros, cinqüenta por tribo, de maneira que no decurso desses dez períodos do ano, alternadamente, cada tribo forma a comissão permanente do Conselho. Com Clístenes o ideal igualitário, ao mesmo tempo que se exprime no conceito abstrato de *isonomia*, liga-se diretamente à realidade política; inspira

---

[16] Aristóteles, *Constituição de Atenas*, 21, 4.

uma transformação completa das instituições. O mundo das relações sociais forma então um sistema coerente, regulado por relações e correspondências numéricas que permitem aos cidadãos manter-se "idênticos", entrar uns com os outros nas relações de igualdade, de simetria, de reciprocidade, compor todos em conjunto um *cosmos* unido. A *Polis* apresenta-se como um universo homogêneo, sem hierarquia, sem planos diversos, sem diferenciação. A *arché* já se não concentra num personagem único no cume da organização social. Está dividida igualmente por meio de todo o domínio da vida pública, nesse espaço comum em que a cidade encontra seu centro, seu *meson*. Segundo um ciclo regulamentado, a soberania passa de um grupo a outro, de um indivíduo a outro, de tal maneira que comandar e obedecer, em vez de se oporem como dois absolutos, tornam-se os dois termos inseparáveis de uma mesma relação reversível. Sob a lei de *isonomia*, o mundo social toma a forma de um *cosmos* circular e centrado em que cada cidadão, por ser semelhante a todos os outros, terá que percorrer a totalidade do circuito, ocupando e cedendo sucessivamente, segundo a ordem do tempo, todas as posições simétricas que compõem o espaço cívico.

―――― CAPÍTULO VII ――――

COSMOGONIAS
E MITOS DE SOBERANIA

Na história do homem, as origens geralmente nos escapam. Entretanto, se o advento da filosofia, na Grécia, marca o declínio do pensamento mítico e o começo de um saber de tipo racional, podem ser fixados a data e o lugar de nascimento da razão grega e estabelecido seu estado civil. É no princípio do século VI, na Mileto jônica, que homens como Tales, Anaximandro, Anaxímenes inauguram um novo modo de reflexão concernente à natureza que tomam por objeto de uma investigação sistemática e desinteressada, de uma *história*, da qual apresentam um quadro de conjunto, uma *theoria*. Da origem do mundo, de sua composição, de sua ordem, dos fenômenos meteorológicos, propõem explicações livres de toda a imaginária dramática das teogonias e cosmogonias antigas: as grandes figuras das Potências primordiais já se extinguiram; nada de agentes sobrenaturais cujas aventuras, lutas, façanhas formavam a trama dos mitos de gênese que narravam o aparecimento do mundo e a instituição da ordem; nem mesmo alusão aos deuses que a religião oficial associava, nas crenças e no culto, às forças da natureza. Entre os "físicos" da Jônia, o caráter positivo invadiu de chofre a totalidade do ser. Nada existe que não seja natureza, *physis*. Os homens, a divindade, o mundo formam um universo unificado, homogêneo, todo ele no mesmo plano: são as partes ou os aspectos de uma só e mesma *physis* que põem em jogo, por toda parte, as mesmas forças, manifestam a mesma potência de vida. As vias pelas quais essa *physis* nasceu, diversificou-se e organizou-se são perfeitamente acessíveis à inteligência humana: a natureza não operou "no começo" de maneira diferente de como o faz ainda, cada dia, quando o fogo seca uma vestimenta molhada ou quando, num crivo agitado pela mão, as partes mais grossas se isolam e se reúnem. Como não há senão uma só natureza, que exclui a própria noção de sobrenatural, não há senão uma só temporalidade. O original e o primordial despojam-se de sua majestade e de seu mistério; têm a banalidade tranqüilizadora dos fenômenos familiares. Para o pensamento mítico, a experiência cotidiana se esclarecia e adquiria sentido em relação aos atos exemplares praticados pelos deuses "na origem". Invertem-se os termos da comparação entre os jônios. Os acontecimentos primitivos, as forças que produziram o cosmos se concebem à imagem dos fatos que se observam hoje e dependem de uma explicação análoga. Já não é o original que ilumina e transfigura o cotidiano; é o cotidiano que torna o original inteligível, fornecendo modelos para compreender como o mundo se formou e ordenou.

  Essa revolução intelectual aparece tão súbita e tão profunda que foi considerada inexplicável em termos de causalidade histórica: falou-se de um milagre grego. Na terra jônica, o *logos* ter-se-ia desprendido bruscamente do mito, como as escamas caem dos olhos do cego. E a luz desta razão, uma vez por todas revelada, não teria mais deixado de iluminar os progressos do espírito humano. "Os filósofos jônios, escreve Burnet, abriram o caminho que a ciência depois só teve que seguir."[1] E precisa, em outra passagem: "Seria inteiramente falso procurar as origens da ciência jônica numa concepção mítica qualquer."

A essa interpretação opõe-se ponto por ponto a de F. M. Cornford. Segundo ele, a primeira filosofia aproxima-se mais de uma construção mítica do que de uma teoria científica. A física jônica nada tem em comum, nem em sua inspiração nem em seus métodos, com o que chamamos ciência; em particular, ignora tudo sobre a experimentação. Não é também o produto de uma reflexão ingênua e espontânea da razão sobre a natureza. Transpõe, sob uma forma laica e num vocabulário mais abstrato, a concepção do mundo elaborada pela religião. As cosmologias retomam e prolongam os temas essenciais dos mitos cosmogônicos. Trazem uma resposta ao mesmo tipo de questão; não procuram, como a ciência, leis da natureza; interrogam-se, com o mito, como a ordem foi estabelecida, como o cosmos pôde surgir do caos. Dos mitos de gênese os milésios tomam não só uma imagem do universo, mas ainda todo um material conceptual e esquemas explicativos: atrás dos "elementos" da *physis* perfilam-se antigas divindades da mitologia. Tornando-se natureza, os ele-

---

[1] J. Burnet, *Early Greek philosophy*, 3ª ed., Londres, 1920 p. v.

mentos despojaram-se do aspecto de deuses individualizados; mas permanecem forças ativas e animadas, ainda sentidas como divinas; a *physis*, quando opera, está toda impregnada desta sabedoria e desta justiça que eram o apanágio de Zeus. O mundo de Homero ordenava-se por uma distribuição dos domínios e funções entre grandes deuses: a Zeus cabe a luz brilhante do céu (*aither*); e a Hades, a sombra brumosa (*aer*); a Posidão, o elemento líquido; a todos os três em comum, Gaia, a terra, onde vivem com os homens todas as criaturas mortais que resultam da mistura. O cosmos dos jônios organiza-se por uma divisão das províncias, das estações, entre forças elementares que se opõem, equilibram-se ou se combinam. Não se trata de uma vaga analogia. Entre a Teogonia de Hesíodo e a filosofia de um Anaximandro, a análise de Cornford faz aparecer estreitas correspondências. Certamente, enquanto uma fala ainda de gerações divinas, o outro já descreve processos naturais; é que o segundo se recusa a jogar com a ambigüidade de termos como *phyein* e *génesis*, que significam igualmente engendrar e produzir, nascimento e origem. Durante todo o tempo em que esses diversos sentidos permaneciam confusos, podia-se exprimir o devir em termos de união sexual, dar a razão de um fenômeno nomeando seu pai e sua mãe, estabelecendo sua árvore genealógica. Entretanto, por mais importante que seja esta diferença entre o físico e o teólogo, a organização geral de seu pensamento permanece a mesma. Põem igualmente, na origem, um estado de indistinção em que nada ainda aparece (*Chaos*, em Hesíodo; *Nyx, Érebos, Tártaros*, em certas Teogonias atribuídas a Orfeu, Museu e a Epimênides; Ápeiron, o ilimitado, em Anaximandro). Desta unidade primordial emergem, por segregação e diferenciação progressivas, pares de opostos — o sombrio e o luminoso, o quente e o frio, o seco e o úmido, o denso e o raro, o alto e o baixo... —, que vão delimitar no mundo realidades e regiões diversas: o céu, brilhante e quente, o ar sombrio e frio, a terra seca, o mar úmido. Esses opostos, que chegaram ao ser separando-se uns dos outros, também podem unir-se e misturar-se para produzir certos fenômenos, como o nascimento e a morte de tudo que vive — plantas, animais e homens.

Mas não é somente o esquema de conjunto que é conservado no essencial. Até nas minúcias, a simetria dos desenvolvimentos, a concordância de certos temas assinalam a persistência, no pensamento do físico, de representações míticas que nada perderam de sua força de sugestão.[2] A geração sexual, o ovo cósmico, a árvore cósmica, a separação da terra e do céu anteriormente confundidos — tantas imagens que aparecem como em filigrana por meio das explicações "físicas" de um Anaximandro sobre a formação do mundo: do *Ápeiron* foi segregada (*apokrínesthai*) uma semente ou um germe (*gónimon*), capaz de engendrar o quente e o frio; no centro desse germe reside o frio, sob forma de *aer*; em sua periferia, envolvendo o frio, o quente desenvolve-se (*periphyenai*) num invólucro de fogo semelhante à casca (*phloiós*) em torno de uma árvore. Chega um momento em que esse envoltório esférico

---

[2] Cf. Marcel De Corte, Mythe et philosophie chez Anaximandre, *Laval théologique et philosophique, 14,* 1958 (1960), pp. 9-29.

inflamado se separa (*aporrégnysthai*) do núcleo ao qual estava unido e, como uma casca de ovo se quebra, estala em círculos de fogo, que são os astros. Notou-se o emprego de termos embriológicos que evocam, racionalizando-os, temas de geração sexual e de hierogamia: *gónimon, apokrínesthai, aporrégnysthai, phloiós*, este último derivado de *phleo*, verbo ligado à idéia de geração e que pode designar a placenta do embrião, a casca do ovo, a casca da árvore e, mais geralmente, toda membrana que envolve, à maneira de um véu, o organismo vegetal ou animal, no decurso de seu crescimento.[3]

Entretanto, apesar dessas analogias e dessas reminiscências, não há realmente continuidade entre o mito e a filosofia. O filósofo não se contenta em repetir em termos de *physis* o que o teólogo tinha expressado em termos de Poder divino. À mudança de registro, à utilização de um vocabulário profano, correspondem uma nova atitude de espírito e um clima intelectual diferente. Com os milésios, pela primeira vez, a origem e a ordem do mundo tomam a forma de um problema explicitamente colocado a que se deve dar uma resposta sem mistério, ao nível da inteligência humana, suscetível de ser exposta e debatida publicamente, diante do conjunto dos cidadãos, como as outras questões da vida corrente. Assim se afirma uma função de conhecimento livre de toda preocupação de ordem ritual. Os "físicos", deliberadamente, ignoram o mundo da religião. Sua pesquisa nada mais tem a ver com esses proces-

---

[3] H. G. Baldry, Embryological analogies in presocratic cosmogony, *Classical Quarterly*, 26, 1932, pp. 27-34.

sos do culto aos quais o mito, apesar de sua relativa autonomia, permanecia sempre mais ou menos ligado.

Dessacralização do saber, advento de um tipo de pensamento exterior à religião — não são fenômenos isolados e incompreensíveis. Em sua forma, a filosofia relaciona-se de maneira direta com o universo espiritual que nos pareceu definir a ordem da cidade e se caracteriza precisamente por uma laicização, uma racionalização da vida social. Mas a dependência da filosofia com relação às instituições da *Polis* marca-se igualmente em seu conteúdo. Se é verdade que os milésios se serviram do mito, também é verdade que transformaram profundamente a imagem do universo, integraram-na num quadro espacial, ordenado segundo um modelo mais geométrico. Para construir as cosmologias novas, utilizaram as noções que o pensamento moral e político tinham elaborado, projetaram sobre o mundo da natureza esta concepção da ordem e da lei que, triunfando na cidade, tinha feito do mundo humano um cosmo.

As teogonias e as cosmogonias gregas comportam, como as cosmologias que lhes sucederam, relatos de gênese que expõem a emergência progressiva de um mundo ordenado. Mas são também, antes de tudo, outra coisa: mitos de soberania. Exaltam o poder de um deus que reina sobre todo o universo; falam de seu nascimento, suas lutas, seu triunfo. Em todos os domínios — natural, social, ritual —, a ordem é o produto dessa vitória do deus soberano. Se o mundo não está mais entregue à instabilidade e à confusão, é que, ao terminarem os combates que o deus teve que sustentar contra rivais e contra monstros, sua supremacia aparece definitivamente assegurada, sem que

nada possa doravante pô-la em discussão. A Teogonia de
Hesíodo apresenta-se assim como um hino à glória de
Zeus rei. A derrota dos Titãs e a de Tifeu, igualmente vencidos pelo filho de Crono, não vêm somente coroar, como
sua conclusão, o edifício do poema. Cada episódio retoma
e resume toda a arquitetura do mito cosmogônico. A vitória de Zeus, em cada vez, é uma criação do mundo. A narrativa da batalha que lança uma contra a outra as duas
gerações rivais dos Titãs e dos Olímpicos evoca explicitamente o retorno do universo a um estado original de indistinção e de desordem. Abaladas pelo combate, as potências primordiais, *Gaia, Ouranós, Pontos, Okéanos, Tártaros*, que antes se tinham separado e ocupavam seu lugar,
encontram-se de novo misturadas. *Gaia e Ouranós*, cuja
separação Hesíodo tinha narrado, parecem encontrar-se e
unir-se de novo, como se desabassem um sobre o outro.
Crer-se-ia que o mundo subterrâneo irrompeu à luz: o universo visível, em vez de assentar seu cenário estável e
ordenado nas duas fronteiras fixas que o limitam, embaixo
a terra, residência dos homens, em cima o céu, onde
moram os deuses, retomou seu aspecto primitivo de caos:[4]
um abismo obscuro e vertiginoso, uma abertura sem
fundo, o sorvedouro de um espaço sem direções, percorrido ao acaso por turbilhões de vento que sopram em todos
os sentidos. A vitória de Zeus recoloca tudo no lugar. Os
Titãs, seres ctônicos, são enviados, carregados de cadeias,
ao fundo do Tártaro ventoso. Doravante, no abismo subterrâneo em que a Terra, o Céu e o Mar cravam suas raízes

---

[4] Hesíodo, *Teogonia*, 700-740.

comuns, as borrascas poderão agitar-se sem fim, em desordem. Posidão cerrou aos Titãs as portas que fecham para sempre as moradas da Noite. *Chaos* não corre mais o risco de ressurgir à luz para submergir o mundo visível.

A batalha contra Tifeu (trata-se de uma interpolação que data sem dúvida do fim do século VII) retoma temas análogos. Em páginas sugestivas, Cornford pôde relacionar este episódio do combate de Marduk contra Tiamat. Como Tiamat, Tifeu representa as forças de confusão e de desordem, o retorno ao informe, o caos. O que teria acontecido ao mundo se o monstro de mil vozes, filho de *Ge* e de *Tártaros*, tivesse conseguido reinar no lugar de Zeus sobre os deuses e os homens, imagina-se facilmente: de seus despojos mortais nascem os ventos que, em vez de soprar sempre no mesmo sentido, de maneira fixa e regular (como fazem o Noto, o Bóreas e o Zéfiro), abatem-se em borrascas prodigiosas, ao acaso, em direções imprevisíveis, ora aqui e ora lá. Derrotados os Titãs, fulminado Tifeu, Zeus, coagido pelos deuses, toma para si a soberania e senta-se no trono dos Imortais; depois, reparte entre os Olímpicos os encargos e as honras (*timai*). Da mesma maneira, proclamado rei dos deuses, Marduk matava Tiamat, cortava em duas partes seu cadáver, lançava ao ar uma de suas metades que formava o céu; determinava então o lugar e o movimento dos astros, fixava o ano e o mês, ordenava o tempo e o espaço, criava a raça humana, repartia os privilégios e os destinos.

Essas semelhanças entre a teogonia grega e o mito babilônico da Criação não são fortuitas. A hipótese, formulada por Cornford, de um empréstimo foi confirmada, mas também matizada e completada, pela descoberta recente de uma dupla série de documentos: de um lado, as plaquetas fenícias de Ras Shamra (início do século XIV antes de Cristo), de outro, textos hititas em cuneiforme que retomam uma antiga saga hurrita do século XV. A ressurreição quase simultânea desses dois conjuntos teogônicos revelou toda uma série de convergências novas que explicam a presença, na trama da narrativa hesiódica, de detalhes que parecem deslocados ou incompreensíveis. O problema das influências orientais sobre os mitos gregos de gênese, o de sua extensão e seus limites, o das vias e da data de sua penetração encontram-se assim colocados de maneira precisa e sólida.

Nessas teogonias orientais, como nas da Grécia às quais elas puderam fornecer modelos, os temas de gênese ficam integrados numa vasta epopéia real que faz se enfrentarem, para a dominação do mundo, as gerações sucessivas dos deuses e diversas potências sagradas. O estabelecimento do poder soberano e a fundação da ordem aparecem como os dois aspectos inseparáveis do mesmo drama divino, o troféu de uma mesma luta, o fruto de uma mesma vitória. Esse caráter geral marca a dependência da narrativa mítica com relação a rituais reais de que constitui a princípio um elemento, formando seu acompanhamento oral. O poema babilônico da Criação, o *Enuma elis*, era assim cantado todos os anos, no quarto dia da festa real de Criação do Ano Novo, no mês de Nisan, na Babilônia. Nessa data, julgava-se que o tempo tinha acabado seu ciclo: o mundo voltava a seu ponto de partida. Momento crítico em que a ordem, em sua totalidade, voltava a ser posta em discussão. No decurso da festa, o rei representava por gestos um combate ritual contra um dragão. Com isso, repetia cada ano a façanha realizada por Marduk contra Tiamat na origem do mundo. A prova e a vitória reais tinham uma dupla significação: ao mesmo tempo que confirmavam o poder da soberania do monarca, adquiriam o valor de uma nova criação da ordem cósmica, social e das estações. Pela virtude religiosa do rei, a organização do universo, após um período de crise, via-se renovada e mantida por um novo ciclo temporal.

Por meio de rito e mito babilônicos, exprime-se uma concepção particular das relações da soberania e da ordem. O rei não domina somente a hierarquia social; intervém também na marcha dos fenômenos naturais. A ordenação do espaço, a criação do tempo, a regulação do ciclo das estações aparecem integrados na atividade real; são aspectos da função de soberania. Como natureza e sociedade permanecem confundidas, a ordem, sob todas suas formas e em todos os domínios, é posta sob a dependência do Soberano. Nem no grupo humano, nem no universo, é concebida ainda de maneira abstrata em si mesma e por si mesma. Para existir tem necessidade de ser estabelecida, e para durar, de ser mantida; sempre supõe um agente ordenador, uma força criadora suscetível de promovê-la. No quadro desse pensamento mítico, não se poderia imaginar um domínio autônomo da natureza nem uma lei de organização imanente ao universo.

Na Grécia, não somente a Teogonia de Hesíodo, em seu plano geral, ordena-se segundo a mesma perspectiva, mas também cosmogonias mais tardias e mais elaboradas, como a de Ferecides de Siros, que Aristóteles classifica, entre os teólogos, no número daqueles que souberam misturar a filosofia ao mito. Contemporâneo de Anaximandro, Ferecides, se conserva as figuras das grandes divindades tradicionais, transforma, entretanto, seus nomes por jogos de palavras etimológicas para sugerir ou sublinhar seu aspecto de forças naturais. *Cronos* transforma-se em *Chronos*, o Tempo; *Rhea* em *Re*, que evoca um fluxo, uma corrente; *Zeus* é chamado *Zas*, para exprimir talvez a intensidade da Força. Mas o mito fica centrado no tema de uma luta pelo reinado universal. Pelo que se pode julgar pelos fragmentos que chegaram até nós, Ferecides narrava a batalha de *Cronos* contra *Ophion*, o choque de seus dois exércitos, a queda dos vencidos no Oceano, o reino de *Cronos* em pleno céu; depois, deviam sobrevir o assalto de Zeus, sua conquista do poder, sua união solene com *Chtonia*, por intermédio ou com a assistência de *Eros*. Durante o *hierós gamos de Zeus* rei com a deusa subterrânea, a emergência do mundo visível produzia-se, enquanto se fixava pela primeira vez o modelo do rito matrimonial das *Anacalyptéria*, do "desvelamento". Pela força desse casamento, a sombria *Chtonia* tinha-se transformado. Tinha-se envolvido no véu que *Zeus* havia tecido e bordado para ela, fazendo aparecer nele o contorno dos mares e a forma dos continentes. Aceitando o presente que *Zeus* lhe oferecia em testemunho de sua nova prerrogativa (*geras*), a obscura deusa subterrânea tinha-se tornado *Gé*, a terra visível. *Zeus* atribuía então às diversas divindades seu quinhão, sua *moira*, fixando para cada uma a porção de cosmos que devia caber-lhe. Enviava ao Tártaro, sob a guarda dos ventos e das tempestades, as forças de desordem e de *hybris*.

O problema da gênese, no sentido estrito, fica, pois, nas teogonias, se não inteiramente implícito, pelo menos em segundo plano. O mito não se interroga sobre como um mundo ordenado surgiu do caos; responde à questão: Quem é o deus soberano? Quem conseguiu reinar (*anassein, basileuein*) sobre o universo? Neste sentido, a função do mito é estabelecer uma distinção e como uma distância entre o que é primeiro do ponto de vista temporal e o que é primeiro do ponto de vista do poder; entre o princípio que está cronologicamente na origem do mundo e o princípio que preside à sua ordenação atual. O mito constitui-se nessa distância; torna-o o próprio objeto de sua narração, descrevendo, por meio da série das gerações divinas, os avatares da soberania até o momento em que uma supremacia, esta definitiva, põe um termo à elaboração dramática da *dynasteia*. Deve-se sublinhar que o termo *arché*, que fará carreira no pensamento filosófico, não pertence ao vocabulário político do mito.[5] Não é só que o mito fique ligado a expressões mais especificamente "de realeza"; é que também a palavra *arché*, designando indistintamente a origem numa série temporal e a primazia na hierarquia social, suprime essa distância sobre a qual o mito se fundava. Quando Anaximandro adotar esse termo, conferindo-lhe pela primeira vez seu sentido filosófico de princípio elementar, essa inovação não marcará somente a

---

[5] Em Hesíodo, *arché* é empregada com um valor exclusivamente temporal.

rejeição pela filosofia do vocabulário "monárquico" próprio do mito; traduzirá também sua vontade de aproximar o que os teólogos necessariamente separavam, de unificar na medida do possível o que é primeiro cronologicamente, aquilo a partir de que as coisas se formaram, e o que domina, o que governa o universo. Com efeito, para o físico a ordem do mundo não pode mais ter sido instituída, num momento dado, pela virtude de um agente singular: imanente à *physis*, a grande lei que rege o universo devia estar já presente de alguma maneira no elemento original de que o mundo surgiu pouco a pouco. Falando dos antigos poetas e dos "teólogos", Aristóteles fará observar, na *Metafísica*, que para eles não são *hoi prótoi*, as forças originárias — *Nyx, Okéanos, Chaos, Ouranós* —, mas um retardatário, Zeus, que exerce sobre o mundo a *arché* e a *basileia*.[6] Ao contrário, Anaximandro assegura que não há nada que seja *arché* em relação com o *ápeiron* (pois que este sempre existiu), mas que o *ápeiron* é *arché* para tudo mais, que ele envolve (*periechein*) e governa (*kybernan*) tudo.[7]

Tentemos, pois, definir em grandes linhas o quadro no qual as teogonias gregas esboçam a imagem do mundo.

1 — O universo é uma hierarquia de poderes. Análogo em sua estrutura a uma sociedade humana, não poderia ser corretamente representado por um esquema puramente espacial, nem descrito em termos de posição, de distância, de movimento. Sua ordem, complexa e rigorosa,

---
[6] Aristóteles, *Metafísica*, 1091 a, 33-b7.
[7] *Física*, 203 b7.

exprime relações entre agentes; é constituída por relações de força, de escalas de precedência, de autoridade, de dignidade, de vínculos de domínio e de submissão. Seus aspectos espaciais — níveis cósmicos e direções do espaço — expressam menos propriedades geométricas que diferenças de função, de valor e de classe.

2 — Essa ordem não surgiu necessariamente em conseqüência do jogo dinâmico dos elementos que constituem o universo; foi instituída dramaticamente pela iniciativa de um agente.

3 — O mundo é dominado pelo poder excepcional desse agente que aparece único e privilegiado, num plano superior aos outros deuses: o mito projeta-o como soberano sobre o cume do edifício cósmico; é sua *monarchia* que mantém o equilíbrio entre as Potências que constituem o universo, fixando a cada uma seu lugar na hierarquia, delimitando suas atribuições, suas prerrogativas, sua parte de honra.

Esses três traços são solidários; dão à narração mítica sua coerência, sua lógica própria. Marcam também sua ligação, na Grécia como no Oriente, com essa concepção da soberania que coloca sob a dependência do rei a ordem das estações, os fenômenos atmosféricos, a fecundidade da terra, dos rebanhos e das mulheres. A imagem do rei senhor do Tempo, fazedor de chuva, distribuidor das riquezas naturais — imagem que pôde, na época micênica, traduzir realidades sociais e responder a práticas rituais —, transparecia ainda em certas passagens de Homero e de

Hesíodo,[8] em lendas como as de Salmoneu ou de Éaco. Mas não pode tratar-se, no mundo grego, senão de sobrevivências. Após o desmoronamento da realeza micênica, quando o sistema palaciano e o personagem do *ánax* desapareceram, não subsistem dos antigos ritos reais senão vestígios cujo sentido se perdeu. Apagou-se a lembrança do rei que periodicamente voltava a criar a ordem do mundo; já não aparece também claramente o vínculo entre as façanhas míticas, atribuídas a um soberano, e a organização dos fenômenos naturais. O fracasso da soberania e a limitação do poder real contribuíram assim para destacar o mito do ritual em que se enraizava na origem. Liberada da prática do culto de que constituía a princípio o comentário oral, a narrativa pôde adquirir um caráter mais desinteressado, mais autônomo. Pôde, em certos aspectos, preparar e prefigurar a obra do filósofo. Já em Hesíodo, em algumas passagens, a ordem cósmica aparecia dissociada da função real, livre de todo vínculo com o rito. O problema de sua gênese coloca-se então de maneira mais independente. A emergência do mundo é descrita, não mais em termos de façanha, mas como um processo de geração por Potências cujo nome evoca de maneira direta realidades físicas: céu, terra, mar, luz, noite etc. Notou-se a este respeito o acento "naturalista" do começo da Teogonia (versos 116 a 133), que contrasta com a continuação do poema. Mas o que comporta talvez de mais significativo essa primeira tentativa para descrever a gênese do cosmos, segundo uma lei de desenvolvimento espontâneo, é preci-

---

[8] Homero, *Odisséia*, XIX, 109; Hesíodo, *Trabalhos*, 225 e ss.

samente seu fracasso. Apesar do esforço de delimitação conceptual que se manifesta nele, o pensamento de Hesíodo permanece prisioneiro de seu quadro mítico. *Ouranós, Gaia, Pontos* são realidades perfeitamente físicas, em seu aspecto concreto de céu, de terra, de mar; mas são ao mesmo tempo divindades que agem, unem-se e reproduzem-se à semelhança dos homens. Atuando em dois planos, o pensamento apreende o mesmo fenômeno, como, por exemplo, a separação da terra e das águas, simultaneamente como fato natural no mundo visível e como produção divina num tempo primordial. Para romper com o vocabulário e com a lógica do mito, teria sido necessária a Hesíodo uma concepção de conjunto capaz de substituir o esquema mítico de uma hierarquia de Poderes dominada por um Soberano. O que lhe faltou foi poder representar-se um universo submetido ao reino da lei, um *cosmos* que se organizaria impondo a todas as suas partes uma mesma ordem de *isonomia* feita de equilíbrio, de reciprocidade, de simetria.

BIBLIOGRAFIA

Sobre as origens do pensamento grego e os inícios da reflexão filosófica, cf. John Burnet, *Early greek philosophy*, 3ª ed., Londres, 1920, trad. francesa: *L'aurore de la philosophie grecque*, Paris, 1919; F. M. Cornford, *From religion to philosophy. A Study in the origins of western speculation*, Londres, 1912; e *Principium sapientiae. The origins of Greek philosophical thought*, 1952; H. Frankel, *Dichtung und Philosophie des frühens Griechentums*, 1951; e *Wege und Formen frühgriechischen Denkens*, Munique, 1955; L. Gernet, *Les origines de la philosophie, Bulletin de l'Enseignement public du*

Maroc, 183, 1945, pp. 9 e ss; O. Gigon, *Der Ursprung der griechischen Philosophie von Hesiod bis Parmenides*, Basiléia, 1945; W. R. C. Guthrie, *In the beginning. Some Greek views on the origins of life and the early state of man*, Londres, 1957; W. Jaeger, *The theology of the early Greek philosophers*, Oxford, 1947; G. S. Kirk e J. E. Raven, *The presocratic philosophers. A critical history with a selection of texts*, Cambridge, 1957; W. Nestle, *Vom mythos zum logos. Die Selbstentfaltung des griechischen Denkens von Homer bis auf die Sophistik und Sokrates*, Stuttgart, 1940; R. B. Onians, *The origins of European thought about the body, the mind, the soul, the world, time and fate*, Cambridge, 1951; P. M. Schuhl, *Essai sur la formation de la pensée grecque. Introduction historique à une étude de la philosophie platonicienne*, Paris, 1934, 2ª ed., 1948; B. Snell, *Die Entdeckung des Geistes. Studien zur Entstehung des europäischen Denkens bei den Griechen*, 2ª ed., Hamburgo, 1948; G. Thomson, *Studies in ancient Greek society*, II, *The first Philosophers*, Londres, 1955; e *From religion to philosophy, Journal of Hellenic Studies*, 73, 1953, pp. 77-84; J. P. Vernant, *Du mythe à la raison. La formation de la pensée positive dans la Grèce archaïque, Annales. Economies, Sociétés, Civilisations*, 1957, pp. 183-206.

Sobre as relações entre teogonias gregas e orientais, cf. R. D. Barnett, *The Epic of Kumarbi and the Theogony of Hesiod, Journal of hellenic studies*, 65, 1945, pp. 100-1; J. Duchemin, *Sources grecques et orientales de la Théogonie d'Hésiode, L'information littéraire*, 1952, pp. 146-151; R. Dussaud, *Antécédents orientaux à la Théogonie d'Hésiode, Mélanges Grégoire*, I, 1949, pp. 226-231; O. Eissfeldt, *Phönikische und Griechische Kosmogonie*, in *Eléments orientaux dans la religion grecque ancienne*, Paris, 1960, pp. 1-55; E. O. Forrer, *Eine Geschichte des Götterkönigtums aus dem Hatti-Reiche, Mélanges* Fr. Cumont, 1936, pp. 687-713; H. C. Güterbock, *The hittite version of the burrian Kumarpi myths: Oriental Forerunners of Hesiod, American Journal of archaeology*, 52, 1948, pp. 123-34; H. Schwabe, *Die griechischen Theogonien und der Orient, Eléments orientaux dans la religion grecque ancienne*, pp. 39-56; F. Vian, *Le mythe de Typhée et le problème de ses origi-*

nes orientales, ibid., pp. 17-37; e *Influences orientales et survivances indoeuropéennes dans la Théogonie d'Hésiode, Revue de la Franco-ancienne, 126*, 1958, pp. 329-36; S. Wikander, *Histoire des Ouranides, Cahiers du Sud*, 1952, *314*, pp. 9-17. Encontrar-se-ão os textos orientais editados por J. B. Pritchard, *Ancient Near Eastern texts relating to the Old Testament*, 2ª ed., Princeton, 1955.

—— CAPÍTULO VIII ——

A NOVA IMAGEM DO MUNDO

Para medir a amplitude da revolução intelectual realizada pelos milésios, a análise deve apoiar-se essencialmente na obra de Anaximandro. A doxografia dá-nos dela uma visão mais completa, ou menos sumária, que das teorias de Tales e de Anaxímenes. Além disso, e sobretudo, Anaximandro não introduziu apenas em seu vocabulário um termo da importância de *arché*; preferindo escrever em prosa, completa a ruptura com o estilo poético das teogonias e inaugura o novo gênero literário próprio da *historía perí physeos*. É nele, finalmente, que se encontra expresso, com o maior rigor, o novo esquema cosmológico que marcará de maneira profunda e durável a concepção grega do universo.

Esse esquema permanece genético. Como *physis*, como *génesis*, *arché* conserva seu valor temporal: a origem; a fonte. Os físicos pesquisam de onde e por que caminho o mundo veio a ser. Mas essa reconstrução genética explica a formação de uma ordem que se encontra agora projetada num quadro espacial. Um ponto deve ser aqui fortemente sublinhado. A dívida dos milésios para com a astronomia babilônica é incontestável. Dela tomaram as observações e os métodos que, segundo a lenda, teriam permitido a Tales predizer um eclipse; devem-lhe também instrumentos como o *gnomon*, que Anaximandro teria levado a Esparta. O restabelecimento dos contatos com o Oriente revela-se, esta vez ainda, de uma importância decisiva para o desenvolvimento de uma ciência grega em que as preocupações de ordem astronômica desempenharam no início um papel considerável. E no entanto, por seu aspecto geométrico, não mais aritmético, por seu caráter profano, livre de toda religião astral, a astronomia grega coloca-se, desde o primeiro momento, num plano diferente do da ciência babilônica de que se inspira. Os jônios situam no espaço a ordem do cosmos; representam a organização do universo, as posições, as distâncias, as dimensões e os movimentos dos astros, segundo esquemas geométricos. Assim como desenham num mapa, num *pínax*, o plano da terra inteira, colocando sob os olhos de todos a imagem do mundo habitado, com seus países, seus mares e seus rios, assim também constroem modelos mecânicos do universo, como aquela esfera que Anaximandro, segundo alguns, teria fabricado. Fazendo "ver" assim o mundo, fazem dele, no sentido pleno do termo, uma *theoria*, um espetáculo.

Essa geometrização do universo físico acarreta uma transformação geral das perspectivas cosmológicas; consagra o advento de uma forma de pensamento e de um sistema de explicação sem analogia no mito. Para exemplificar, Anaximandro localiza a terra, imóvel, no centro do universo. Acrescenta que se ela permanece em repouso nesse lugar, sem ter necessidade de nenhum suporte, é porque está a igual distância de todos os pontos da circunferência celeste e não tem nenhuma razão para ir para baixo mais que para cima, nem para um lado mais que para outro. Anaximandro situa, pois, o cosmos num espaço matematizado constituído por relações puramente geométricas. Assim se encontra apagada a imagem mítica de um mundo em planos em que o alto e o baixo, em sua posição absoluta, marcam níveis cósmicos que diferenciam Potências divinas e em que as direções do espaço têm significações religiosas opostas. Além disso, todas as explicações pelas quais o mito pretendia justificar a estabilidade da terra, "base segura para todos os vivos" (Hesíodo), revelam-se inúteis e irrisórias: a terra não tem mais necessidade de "suporte", de "raízes"; não tem de flutuar, como em Tales, sobre um elemento líquido de onde teria surgido, nem de repousar sobre um turbilhão ou, como em Anaxímenes, sobre uma almofada de ar. Tudo está dito, tudo está claro logo que se esboça o esquema espacial. Para compreender por que os homens podem com toda segurança andar sobre o solo, por que a Terra não cai como o fazem os objetos em sua superfície, basta saber que todos os raios de um círculo são iguais.

Sua estrutura geométrica confere ao cosmos uma organização de tipo oposto àquele que o mito lhe atribuía. Já não se encontra nenhum elemento ou porção do mundo privilegiado em detrimento dos outros, já nenhum poder físico está situado na posição dominante de um *basileus* que exerça sua *dynasteia* sobre todas as coisas. Se a terra está situada no centro de um universo, perfeitamente circular, pode permanecer imóvel em razão de sua igualdade de distância, sem estar submetida à dominação de qualquer coisa que seja: ὑπὸ μγδενὸς χρατουμένη. Essa fórmula de Anaximandro, que faz intervir a noção do *Kratos*, do poder de domínio sobre outrem, mostra a persistência de um vocabulário e de conceitos políticos no pensamento cosmológico dos jônios. Mas como o sublinha muito justamente Charles H. Kahn, num estudo recente, Anaximandro sustenta neste domínio uma tese que vai bem além da que expõe depois dele seu discípulo Anaxímenes.[1] Para este último, a Terra tem necessidade de repousar no ar que a domina (*synkratei*) como a alma domina o corpo. Para Anaximandro, ao contrário, nenhum elemento singular, nenhuma porção do mundo poderia dominar as demais. São a igualdade e a simetria dos diversos poderes constituintes do cosmos que caracterizam a nova ordem da natureza. A supremacia pertence exclusivamente a uma lei de equilíbrio e de constante reciprocidade. À *monarchia* um regime de *isonomia* se substituiu, na natureza como na cidade.

Daí a recusa de atribuir à água, como Tales, ao ar, como Anaxímenes ou a qualquer outro elemento particular a dignidade de *arché*. A substância primeira, "infinita, imortal e divina, que envolve e governa todas as coisas, Anaximandro a concebe como uma realidade à parte, distinta de todos os elementos, formando sua origem comum, a fonte inesgotável em que todos igualmente se alimentam.

---

[1] Charles H. Kahn, *Anaximander and the origins of Greek cosmology*, Nova York, 1960.

Aristóteles dá-nos as razões desta escolha: se um dos elementos possuísse essa infinidade que pertence ao *ápeiron*, os outros seriam destruídos por ele; os elementos definem-se, com efeito, por sua oposição recíproca; é preciso, pois, que se encontrem sempre numa relação de igualdade uns com os outros (*isázei aei tanantia*), ou como Aristóteles o dirá em outra parte, em igualdade de poder (*isotes tes dynámeos*).[2] Não há razão para pôr em dúvida e pertinência do raciocínio de Aristóteles e rejeitar a interpretação que propõe do pensamento de Anaximandro. Notar-se-á que a argumentação aristotélica implica uma mudança radical nas relações do poder e da ordem. A *basileia*, a *monarchia*, que no mito estabeleciam a ordem e a sustentavam, aparecem, na perspectiva nova de Anaximandro, como destruidoras da ordem. A ordem não é mais hierárquica; consiste na manutenção de um equilíbrio entre potências doravante iguais, sem que nenhuma delas deva obter sobre as outras um domínio definitivo que ocasionaria a ruína do cosmos. Se o *ápeiron* possui a *arché* e governa todas as coisas, é precisamente porque seu reino exclui a possibilidade para um elemento de apoderar-se da *dynasteia*. A primazia do *ápeiron* garante a permanência de uma ordem igualitária fundada na reciprocidade das relações e que, superior a todos os elementos, impõe-lhes uma lei comum.

De resto, esse equilíbrio das potências não é de maneira nenhuma estático; encobre oposições e é feito de conflitos. Cada potência por sua vez domina sucessivamente, apoderando-se do poder, recuando depois para cedê-lo, na proporção de seu primeiro avanço. No universo, na suces-

---

[2] Aristóteles. *Física*, 204 *b* 22 e 13-19; *Meteorológica*, 340 a 16.

são das estações, no corpo do homem, um ciclo regular faz passar assim a supremacia de um a outro, ligando, como dois termos simétricos e reversíveis, o domínio e a submissão, a extensão e a retração, a força e a fraqueza, o nascimento e a morte de todos os elementos — esses elementos que para Anaximandro "segundo a ordem do tempo se fazem mutuamente reparação (*tisis*) e justiça (*dike*), pela *adikia* que cometeram".

Constituído por *dynámeis* opostas e incessantemente em conflito, o mundo as submete a uma regra de justiça compensatória, a uma ordem que mantém nelas uma exata *isotes*. Sob o jugo dessa *dike* igual para todos, as potências elementares associam-se, coordenam-se segundo uma oscilação regular, para compor, apesar de sua multiplicidade e de sua diversidade, um cosmos único.

Essa nova imagem do mundo, Anaximandro destacou-a com suficiente rigor para que se impusesse como uma espécie de lugar comum ao conjunto dos filósofos pré-socráticos assim como ao pensamento médico. No começo do século V, Alcmeão a formulará em termos que dizem tão claramente sua origem política que não parece necessário, sobretudo após os artigos que A. G. Vlastos consagrou a esse problema, que se insista nisso mais tempo.[3] Alcmeão define, com efeito, a saúde como a *isonomia*

---

[3] A. G. Vlastos, Equality and justice in early greek cosmologies, *Classical Philology*, 42, 1947, p. 156-178; Theology and philosophy in early Greek thought, *The philosophical Quarterly*, 1952, p. 97-123; Isonomia, *American Journal of Philology*, 74, 1953, p. 337-366; e a análise da obra de P. M. Cornford, Principium Sapientiae, em *Gnomon*, 27, 1955, p. 65-76.

ton dynámeon, o equilíbrio dos poderes, o úmido e o seco, o frio e o quente, o amargo e o doce etc.; a doença resulta ao contrário da *monarchia* de um elemento sobre os outros, pois a dominação exclusiva de um elemento particular é destrutiva.

Mas a experiência social não forneceu somente ao pensamento cosmológico o modelo de uma lei e de uma ordem igualitárias que se substituem à dominação onipotente do monarca. O regime da cidade pareceu-nos solidário de uma concepção nova do espaço, ao se projetarem e se encarnarem as instituições da Polis no que se pode chamar um espaço político. Note-se a este respeito que os primeiros urbanistas, como Hipodamo de Mileto, são na realidade teóricos políticos: a organização do espaço urbano não é mais que um aspecto de um esforço mais geral para ordenar e racionalizar o mundo humano. O vínculo entre o espaço da cidade e suas instituições aparece ainda muito claramente em Platão e em Aristóteles.

O novo espaço social está centrado. O *kratos*, a *arché*, a *dynasteia* já não estão situados no ápice da escala social, ficam *es meson*, no centro, no meio do grupo humano. É este centro que é agora valorizado; a salvação da *polis* repousa sobre os que se chamam *hoi mesoi*, porque, estando a igual distância dos extremos, constituem um ponto fixo para equilibrar a cidade. Com relação a este centro, os indivíduos e os grupos ocupam todos posições simétricas. A *ágora*, que realiza sobre o terreno essa ordenação espacial, forma o centro de um espaço público e comum. Todos os que nele penetram se definem, por isso mesmo, como iguais, como *isoi*. Por sua presença nesse espaço político entram, uns com os outros, em relações de perfeita reciprocidade. A instituição da *Hestia koiné*, do Lar público, é símbolo dessa comunidade política:[4] instalado no Pritaneu, em geral na *ágora*, o Lar público acha-se em suas relações com os múltiplos lares domésticos, mais ou menos a igual distância das diversas famílias que constituem a cidade; deve representá-las todas sem se identificar mais com uma que com outra. Espaço centrado, espaço comum e público, igualitário e simétrico, mas também espaço laicizado, feito para a confrontação, o debate, a argumentação, e que se opõe ao espaço religiosamente qualificado da Acrópole, assim como o domínio dos *hósia*, dos assuntos profanos da cidade humana, opõe-se ao dos *hierá*, o dos interesses sagrados que concernem aos deuses.

Que este novo quadro espacial tenha favorecido a orientação geométrica que caracteriza a astronomia grega; que haja uma profunda analogia de estrutura, entre o espaço institucional no qual se exprime o *cosmos* humano e o espaço físico no qual os milésios projetam o *cosmos* natural, é o que sugere a comparação de certos textos.

Segundo a doxografia, se para Anaximandro a terra pode permanecer imóvel e fixa, é em razão de sua situação central (*perí meson, mese*), da *homoiotes*, a similitude, e do equilíbrio, a *isorropia*. Encontrando-se assim no centro, não está, acrescentava Anaximandro, dominada (*kratoumene*) por nada. O vínculo, tão paradoxal para nós,

---

[4] Cf. L. Gernet, Sur le symbolisme politique en Grèce ancienne: le Foyer commun, *Cahiers internationaux de Sociologie*, *11*, 1951, p. 21-43.

que Anaximandro estabelece entre a ausência de "dominação", a centralidade, a similaridade, autoriza a comparação com um texto político de Heródoto em que voltamos a encontrar o mesmo vocabulário e a mesma solidariedade conceptual. Heródoto conta que, ao morrer o tirano Polícrates, Meandro, designado pelo finado para tomar o *skeptron* depois dele, convoca todos os cidadãos para a assembléia e anuncia-lhes sua decisão de abolir a tirania: "Polícrates, diz-lhes em resumo, não tinha minha aprovação quando reinava como déspota sobre os homens que eram seus semelhantes (*despozon andrôn homoion eautó*) ... De minha parte, deponho a *arché es meson*, no centro, e proclamo para vós a *isonomia*."[5]

A comparação parecerá ainda mais significativa porque, entre os milésios mesmos, a concepção de um espaço físico, simetricamente organizado em torno de um centro, reproduz certas representações de ordem social. Segundo Agatêmero, Anaximandro de Mileto, discípulo de Tales, foi o primeiro a desenhar a terra habitada num *pínax*, como devia fazê-lo depois dele, de maneira mais precisa, Hecateu de Mileto.[6] O autor acrescenta: Os antigos imaginavam a Terra habitada mais ou menos redonda, com a Grécia no centro e Delfos no centro da Grécia. Sabe-se que essa concepção devia provocar a ironia de Heródoto: "Rio, escreve ele, quando vejo os mapas da terra que muitos desenharam no passado e que ninguém explicou de maneira sensata. Desenham o Oceano fluindo em torno da

---

[5] Heródoto, 3, 142.
[6] Agatêmero, 1, 1.

Terra, que é redonda como se tivesse sido feita a compasso, e fazem a Ásia igual à Europa."[7] Em outra passagem, Heródoto revela-nos o fundamento institucional e político dessa geometrização, a seus olhos demasiado avançada, do espaço físico: Após o desastre que sofreram, todos os jônios se encontram reunidos no Paniônio. Bias de Priene, um dos Sábios, aconselha formar primeiro uma frota comum para ganhar a Sardenha e ali fundar uma cidade única panjônica. Tales de Mileto fala em seguida. Propõe que se tenha um conselho único (*en Bouleutérion*) e que se fixe sua sede em Teos, porque esta ilha se acha no centro da Jônia (*meson Ioníes*); as outras cidades continuariam a ser habitadas, mas estariam doravante na situação de *demos* periféricos integrados numa *polis* única.[8]

Temos de resto uma prova das interferências que puderam produzir-se entre os valores políticos, geométricos e físicos do centro, concebido como o ponto fixo em torno do qual se ordena, na sociedade e na natureza, um espaço igualitário feito de relações simétricas e reversíveis.[9] *Hestia*, símbolo na *ágora* da nova ordem humana,

---

[7] Heródoto, 4, 36.
[8] Heródoto, 1, 170.
[9] Certamente, o pensamento mítico conhecia a circularidade e o centro; também ele valoriza a uma e ao outro. Mas a imagem religiosa do centro não ordena um espaço simétrico; implica, ao contrário, um espaço hierarquizado que comporta níveis cósmicos entre os quais o centro permite estabelecer uma comunicação. O simbolismo político do Centro (o Lar comum) aparece como uma mediação entre a expressão religiosa do centro (*ómphalos, Hestia*) e o conceito geométrico do centro num espaço homogêneo; cf. sobre este ponto L. Gernet, 1. *c.*, p. 42 e ss.

poderá designar em Filolao o fogo cósmico central, em outros filósofos, a Terra que permanece imóvel no meio do universo físico.[10]

Destas correspondências entre a estrutura do cosmos natural e a organização do cosmos social, Platão mostra-se ainda plenamente consciente no século IV. O filósofo que faz inscrever no limiar da Academia: que ninguém entre aqui se não é geômetra —, dá testemunho dos vínculos que uma mesma origem, uma orientação comum estabeleceram e mantiveram por muito tempo, entre os gregos, entre pensamento geométrico e pensamento político. Fustigando, no *Górgias*, na pessoa de Cálicles e pela boca de Sócrates, todos os que se recusam a estudar a geometria, Platão associa estreitamente o conhecimento da *isotes*, da igualdade geométrica, fundamento do cosmos físico, às virtudes políticas sobre as quais repousa a nova ordem da cidade: a *dikaiosyne* e a *sophrosyne*: "Pelo que asseguram os doutos, Cálicles, o céu e a terra, os deuses e os homens estão ligados entre si numa comunidade (*koinonia*) feita de amizade (*philia*), de ordenação (*cosmiotes*), de moderação (*sophrosyne*), de justiça (*dikaiotes*) ... mas tu não lhes dás atenção, por mais sábio que sejas, e esqueces que a igualdade geométrica (*geometriké isotes*) é onipotente entre os deuses e entre os homens: é por isso que negligencias a geometria."[11]

---

[10] Cf. R. E. Siegel, On the relation between early scientific thought and mysticism: is Hestia, the central fire, an abstract astronomical concept?", *Janus*, 49, 1960, p. 1-20.
[11] Platão, *Górgias*, 508 a.

CONCLUSÃO

Advento da Polis, nascimento da filosofia: entre as duas ordens de fenômenos os vínculos são demasiado estreitos para que o pensamento racional não apareça, em suas origens, solidário das estruturas sociais e mentais próprias da cidade grega. Assim recolocada na história, a filosofia despoja-se desse caráter de revelação absoluta que às vezes lhe foi atribuído, saudando, na jovem ciência dos jônios, a razão intemporal que veio encarnar-se no Tempo. A escola de Mileto não viu nascer a Razão; ela construiu *uma* Razão, uma primeira forma de racionalidade. Essa razão grega não é a razão experimental da ciência contemporânea, orientada para a exploração do meio físico e cujos métodos, instrumentos intelectuais e quadros mentais foram elaborados no curso dos últimos séculos, no esforço laboriosamente continuado para conhecer e dominar a Natureza. Quando Aristóteles define o homem como "animal político", sublinha o que separa a Razão grega da de hoje. Se o *homo sapiens* é a seus olhos um *homo politicus*, é que a própria Razão, em sua essência, é política.

AS ORIGENS DO PENSAMENTO GREGO

De fato, é no plano político que a Razão, na Grécia, primeiramente se exprimiu, constituiu-se e formou-se. A experiência social pôde tornar-se entre os gregos o objeto de uma reflexão positiva, porque se prestava, na cidade, a um debate público de argumentos. O declínio do mito data do dia em que os primeiros Sábios puseram em discussão a ordem humana, procuraram defini-la em si mesma, traduzi-la em fórmulas acessíveis à sua inteligência, aplicar-lhe a norma do número e da medida. Assim se destacou e se definiu um pensamento propriamente político, exterior à religião, com seu vocabulário, seus conceitos, seus princípios, suas vistas teóricas. Este pensamento marcou profundamente a mentalidade do homem antigo; caracteriza uma civilização que não deixou, enquanto permaneceu viva, de considerar a vida pública como o coroamento da atividade humana. Para o grego, o homem não se separa do cidadão; a *phrónesis*, a *reflexão*, é o privilégio dos homens livres que exercem correlativamente sua razão e seus direitos cívicos. Assim, ao fornecer aos cidadãos o quadro no qual concebiam suas relações recíprocas, o pensamento político orientou e estabeleceu simultaneamente os processos de seu espírito nos outros domínios.

Quando nasce em Mileto, a filosofia está enraizada nesse pensamento político cujas preocupações fundamentais traduz e do qual tira uma parte de seu vocabulário. É verdade que bem depressa se afirma com maior independência. Desde Parmênides, encontrou seu caminho próprio; explora um domínio novo, coloca problemas que só a ela pertencem. Os filósofos já se não interrogam, como o faziam os milésios, sobre o que é a ordem, como se for-

Conclusão

mou, como se mantém, mas sim qual é a natureza do Ser e do Saber e quais são suas relações. Os gregos acrescentam assim uma nova dimensão à história do pensamento humano. Para resolver as dificuldades teóricas, as "aporias", que o próprio progresso de seus processos fazia surgir, a filosofia teve de forjar para si uma linguagem, elaborar seus conceitos, edificar uma lógica, construir sua própria racionalidade. Mas nessa tarefa não se aproximou muito da realidade física; pouco tomou da observação dos fenômenos naturais; não fez experiência. A própria noção de experimentação foi-lhe sempre estranha. Edificou uma matemática sem que procurasse utilizá-la na exploração da natureza. Entre o matemático e o físico, o cálculo e a experiência, faltou essa conexão que nos pareceu unir no começo o geométrico e o político. Para o pensamento grego, se o mundo social deve estar sujeito ao número e à medida, a natureza representa de preferência o domínio do "aproximadamente" ao qual não se aplicam nem cálculo exato nem raciocínio rigoroso. A razão grega não se formou tanto no comércio humano com as coisas quanto nas relações dos homens entre si. Desenvolveu-se menos com as técnicas que operam no mundo que por aquelas que dão meios para domínio de outrem e cujo instrumento comum é a linguagem: a arte do político, do reitor, do professor. A razão grega é a que de maneira positiva, refletida, metódica, permite agir sobre os homens, não transformar a natureza. Dentro de seus limites como em suas inovações, é filha da cidade.

Este livro foi composto na tipografia
Life, em corpo 10,5/15, e impresso em
papel off-set no Sistema Digital Instant Duplex
da Divisão Gráfica da Distribuidora Record.